U0454352

创始人

新管理者如何度过第一个90天

Proven Strategies for Getting Up to Speed Faster and Smarter

[美] 迈克尔·沃特金斯 著
徐卓 译

中信出版集团 · CHINACITICPRESS · 北京

图书在版编目（CIP）数据

创始人：新管理者如何度过第一个 90 天 /（美）沃特金斯著；徐卓译 . -- 北京：中信出版社，2016.8（2025. 8 重印）

书名原文：The first 90 Days：Proven Strategies for Getting Up to Speed Faster and Smarter

ISBN 978-7-5086-6299-2

I. ①创…　II. ①沃…　②徐…　III. ①企业领导学
IV. ① F272.91

中国版本图书馆 CIP 数据核字（2016）第 126146 号

创始人：新管理者如何度过第一个 90 天

著　　者：[美] 迈克尔 · 沃特金斯
译　　者：徐　卓
出版发行：中信出版集团股份有限公司
（北京市朝阳区东三环北路 27 号嘉铭中心　邮编　100020）
承 印 者：嘉业印刷（天津）有限公司

开　　本：880mm × 1230mm　1/32　　印　　张：9　　字　　数：165 千字
版　　次：2016 年 8 月第 1 版　　印　　次：2025 年 8 月第 34 次印刷
京权图字：01-2015-0490
书　　号：ISBN 978-7-5086-6299-2
定　　价：49.00 元

服务热线：400-600-8099
投稿邮箱：author@citicpub.com

献给我心爱的孩子们：艾丹（Aidan）、梅芙（Maeve）和尼尔（Niall）。

——迈克尔·D·沃特金斯（M. W.）

目 录

撤退到自己的舒适区内。这样的工作并不容易，但是至关重要。

第二章 加速学习

弄清楚你需要了解哪些关于新组织的内容，然后尽快地学习掌握。你学习的效率越高、效果越好，你就能越早地克服自己的弱点，并识别出潜在的、随时可能爆发并使你偏离轨道的问题。

第三章 根据实际情境调整策略

要成功接管工作，你必须先弄清楚两个基本问题。第一，我被召唤来主导的是什么样的改变？回答了这个问题，你才能知道怎样让你的策略匹配具体的情境。第二，我是什么样的变革领导者？这个问题的答案暗示了你应该怎样调整你的领导风格。

第四章 通过沟通取得成功

要注意与你的新上司开展正确的对话。即使在新工作中，你还继续向以前的上司汇报，你们的关系也不会保持原样，上司对你的期望、你需要从上司那里取得的支持等都不尽相同。

第五章 保障早期成功

根据你对于目标的理解，可以明确自己将在哪些领域追求早期成功。你可以思考自己在两个阶段需要做什么工作：在大约前 30 天的时间里建立个人信誉，在之后的时间里决定发起哪些项目来实现早期业绩提升。

第六章 保持组织内部的一致性

保证组织体系关键要素（战略方向、结构、核心流程、技能基础等）的一致性至关重要。不管你作为一个领导者有多大的个人魅力，如果你的组织失去了一致性，你也无力回天。你会感觉自己每天都在推着一块大石头上山。

第七章 打造你的团队

你在第一个90天里做出的最重要的决策很可能就是人事方面的。如果你成功创建了一个高业绩团队，你就可以在价值创造方面发挥巨大的影响力。而早期糟糕的人事选择几乎肯定会在之后困扰你。

第八章 创立同盟

为了在新岗位上取得成功，你需要获得那些你对他们没有直接权威的人的支持。你必须投入大量精力建立新的关系网，训导自己去投资建立和你预期之后要共事的人之间的“人脉存折”。早点儿行动。

第九章 自我管理

你每天都要努力管理自己。最终，你的成败会取决于你在一路上做出的所有小的选择。这些选择能够为组织、为你自己创造一种良好的势头，它们也可能产生破坏你的效力的恶性循环。

第十章 加速每一个人的转变

成功加速每个人的转变能够直接有助于提升公司的业绩，甚至还可能成为竞争优势的来源。如果你能帮助每个人快速转变，业务将开展得更加敏捷和有响应力。

十周年版序言

十年可以改变太多事情。我在2001年开始写这本书时，业内几乎还没有关于如何快速适应新角色或帮助新员工入职（后文亦称“领导角色转变”）的内容[1]。我当时在哈佛商学院任教，教授谈判和企业外交课程。尽管我在1999年时已经和丹·西恩帕（Dan Ciampa）合著了一本关于高级管理人员角色转变的、还算成功的书籍——《良好的开端》（*Right from the Start*），还是有许多哈佛商学院的同事向我提出了忠告，他们提醒我，在这一主题上开展深入研究可能是比较冒险的职业选择[2]。

我很感谢他们的建议，但最终我还是做出了写这本书的决定。领导角色转变是一个非常有意思的话题，研究这一话题的时机已经成熟。从学术和实践的视角来说，它实质上都还是一块处女地。1999年年末，在《良好的开端》出版后不久，我收到了强生公司企业管理发展团队的邀请，他们请我帮忙开发研讨会和辅导流程，帮助公司的领导者们快速适应角色转变期。这项工作很快演变成了一份颇具吸引力的发展合作伙伴关系，强生也成为我开发和部署想法的试验田。

《创始人》是我和世界各地数百名副总裁和总监级别的领导者共

事大约两年半时间所学的精华提炼。这本书以《良好的开端》中的一些基本观点为基础，比如加速学习、保障早期的成功以及创立同盟的重要性。但是，这些观点经过了扩展、修正，并被改造成了实践性的框架和工具，能够帮助各层级的领导者加速他们的角色转变过程。

正是这样对于概念、工具、案例和实践建议的提炼，能够真正地帮助到处于角色转变期的领导者们。我看着《创始人》的销量自 2003 年 11 月出版以来一路飙升，这着实是一个非常棒的体验。到 2004 年夏天时，它登上了《商业周刊》的畅销书排行榜，并且持续上榜 15 个月。这本书的成功恰逢我离开哈佛，也帮助我下定决心不再去寻求学术机构的职位。我和朋友一起创立了一家领导力发展公司——“创世纪顾问”（Genesis Advisers），致力于帮助公司加速员工的角色转变。

即使是极其成功的商业书籍，销售旺季往往也只有一两年，之后便会销声匿迹。但《创始人》可以说是一个例外。我很高兴地看到这本书在 10 年的时间里一直保持了强劲的销售势头，英文版到现在已经售出了将近 80 万本，其中 2011 年售出了 75 000 本。在过去的十年里，这本书一直在哈佛商业评论出版社的畅销榜上。它被翻译成 27 种文字，还是哈佛商学院出版公司获奖的网络学习工具“领导角色转变”（Leadership Transitions）[3] 的基础。

持续的成功使《创始人》得以成为一本“商业经典”。“经典”一词似乎焕发着陈腐过时之气，所以我开心之余也有些顾虑。尽管如此，2009 年，杰克 · 科佛特（Jack Covert）和托德 · 萨特斯腾（Todd

Sattersten）在 800-CEO-READ 网站为这本书写了一篇长书评，使它被列为有史以来最佳的 100 本商业书籍之一，我仍是备感荣幸。这样的肯定不仅认可了书中观点持续的影响力和重要性，也表明每一代的新领导者们都有学习成功转变角色的持续需求。

《创始人》的成功与公司对于人才管理、新员工入职和 CEO（首席执行官）继任这些事务不断高涨的兴趣相辅相成。从一开始，“创世纪顾问”在强生的工作就专注于加速新员工入职以及内部晋升的过程。我一直认为，只关注新员工入职而不是促进角色转变并不明智。但是，随着人才的“竞争”越来越激烈，工作脱轨代价高昂、绩效低下以及缺少留住新员工的吸引力等问题愈发明显，的确是对于加速新员工入职的兴趣推动了这个领域向前发展。故而许多公司开始采用《创始人》中的观点来培训新员工。除了我们在创世纪顾问所做的工作，《创始人》中的概念和工具还在数千家公司由学习、开发和人力方面的专家改编和应用。在 2006 年，《经济学人》杂志将《创始人》称为“入职圣经”[4]。最近，这一领域越来越成熟，也出现了关于入职和角色转变期提速主题的重要会议。

我自己的思考当然也在过去十年里不断发展，这也带来了《创始人》这一版本中多处的修改。我仍然深度参与了许多为角色转变期的领导者提供帮助、开展研究、将实践经验和发现转换为更好的框架和工具的工作。重要的后续出版物包括：

- 《塑造游戏》（*Shaping the Game*），哈佛商业评论出版社，2006

年出版，关于新领导者如何将谈判和影响力领域的观点应用于成功的角色转变[5]。

- 《在政府中的第一个 90 天》（*The First 90 Days in Government*），是《创始人》针对公共部门的专门版本，我与退休的财政部高级官员皮特 · H · 达利（Peter H. Daly）还有凯特 · 里维斯（Cate Reavis）合著[6]。
- 《高级管理人入职关键》（*The Pillars of Executive Onboarding*），2008 年 10 月发表于《人才管理》（*Talent Management*）上的文章，关于入职的重点工作：业务熟悉、期望、结盟、文化适应和政治联系[7]。
- 《你的下一步》（*Your Next Move*），哈佛商业出版社，2009 年出版，关注角色转变期领导者区分组织性变化挑战和个人适应挑战的需求。该书还深入探讨了角色转变的具体类型，包括晋升、领导之前的同事、外部员工新入职和跨国转岗[8]。
- 《选择合适的角色转变战略》（*Picking the Right Transition Strategy*），2009 年 1 月发表于《哈佛商业评论》，进一步发展了《创始人》第一版中提出的 STARS 框架（“初创启动”、“整顿转向”、“加速增长”、“重新组合”以及“维持成功”），让这些角色转变战略适应不同的业务情境[9]。
- 《管理者怎样成为领导者》（*How Managers Become Leaders*），2012 年 6 月发表于《哈佛商业评论》的文章，总结了我对于领导者在从部门管理者转变为业务主管的挑战性过渡中所经历的

“七个剧变”的研究[10]。

我过去8年致力于为我们在创世纪顾问的客户开发《创始人》的连续性迭代产品，这份工作也为我的思考提供了有力的信息支持。最近，我的工作涉及新一代“加速辅导”流程的内容、一个有虚拟突破组织参与的网络研讨会，以及一个帮助医生从临床实践和研究组织转变角色、适应商业环境的专门项目。

我很高兴《创始人》以及我后续的工作在加快角色转变的研究和实践应用方面引发了如此大的兴趣。许多优秀的原创性研究和作品陆续出现[11]。并且，因为模仿实际上是最真诚的恭维方式，我也十分感激地看到我的许多概念、工具和术语被其他从业者和咨询师采用。这其中包括STARS框架、角色转变中的陷阱、保障早期成功的重要性[12]、“模糊前端（the fuzzy front-end）”的观点（指的是在获得工作和正式入职之间的阶段，我与丹·西恩帕共同提出）[13]，以及在评估新领导面对的角色转变风险时组织性改变挑战和个人适应挑战的显著区别等[14]。

过去的十年是一段美好的经历，我要感谢许多人，他们的努力和帮助让这段旅程得以发生。首先要感谢的两位对我的观点的早期开发和在现实世界的应用有着最大的影响，他们是与我合著《良好的开端》的丹·西恩帕和我的伙伴肖娜·斯拉克（Shawna Slack）。然后是我在哈佛商业评论出版社的编辑和出版人，特别是杰夫·基欧（Jeff Kehoe），他一直鼓励、指引和改善着我的工作。我还要感谢创世纪顾问的重要客户公司的领导们对我的支持，他们愿意承担风险，投资我们的工作，尤其是贝琪·阿特凯森（Becky Atkeison）和她在联邦快递的同事，强生的艾纳基·巴斯塔里卡（Inaki Bastarrika）、罗恩·波塞特（Ron Bossert）、卡洛琳·卡梅隆（Carolynn Cameron）、迈克尔·埃雷特（Michael Ehret）、特德·阮（Ted Nguyen）和道格·司徒（Doug Soo Hoo）。最后，我要衷心地谢谢创世纪顾问的员工们，感谢他们的辛勤工作，特别是科莉·布鲁内尔（Kerry Brunelle）为编辑这部手稿所付出的努力。

引 言

第一个 90 天

美国总统有 100 天来证明他自己，而你有 90 天。在新的岗位上，你最初几个月的表现将在很大程度上决定你最终的成败。

在一项新任务中的失败可能导致职业前途走向灰暗。但是，成功的角色转变不仅仅只是避免了失败。当领导者出现失误时，究其根源，他们的问题几乎总是可以归结到最初几个月的工作中所产生的恶性循环。现实中除了彻底失败的领导者，更多的是勉强得以存活却根本没有意识到自身全部潜能的人。也正因如此，他们没能把握住推进自己的事业发展并帮助所在组织成长的机会。

为什么角色转变如此关键？我在 1 300 多位资深人力资源领导者之间开展了调查，他们中约 90% 的人都同意“进入新角色的转型期是领导者职业生涯中最具挑战性的阶段”[1]。大约 3/4 的人则认为“最初几个月的成功与否基本就预示了在这一岗位上的最终成败”。所以，即使一个糟糕的角色转变期并不一定导致必然的失败，但它也确实大大降低了成功的可能性。

角色转变的利好之处在于，它为你提供了一个在组织中重新开始并做出必要改变的机会。但同时，角色转变期也是隐患重重的阶段——你缺少已经建立的工作关系，也没有一个对当前岗位的深入了解。你的一切管理行为都会被放大在显微镜下，你周围的人会带着一种审视的目光，想要弄清楚你到底是一个怎样的人，以及作为一个领导者你到底代表着怎样的利益和要求。大家会迅速对你的管理能力下定论，而这样的定论一旦形成，将很难改变。如果你能成功地建立信誉，取得早期成功，这样良好的势头很可能会在你余下的任期里一直延续下去；但如果你早早地就给自己挖了个大坑，那么从此你就得陷入爬坡作战的艰苦努力之中了。

建立你的职业角色转变能力

在一家（甚至两至三家）公司里度过漫长的职业生涯似乎越来越成为一种过去式。领导者们会经历多次职业角色转变，所以快速、高效地转变到一个新的角色已经成为一项关键技能。创世纪顾问公司、《哈佛商业评论》（*Harvard Business Review*）和国际管理发展学院（International Institute of Management Development）联合开展了一项涉及 580 名领导者的研究（以下简称“Genesis/HBR/IMD 研究”），参与调查的对象平均有 18.2 年的职业工作经历[2]。具有代表性的平均数据是，一位领导者获得晋升 4.1 次，在不同职能部门之间转岗（例如从销售部门到市场营销部门）1.8 次，加入新的公司 3.5 次，在一家公司内的业务单位间转岗 1.9 次，在地理位置上转移 2.2 次。这样加起来的话，每一位领导者要经历 13.5 次角色转变，每 1.3 年就有一次转变发生。我们在后文中也会讲到，有一些转变是同时发生的。但这其中蕴含的道理是非常明晰的：每一个成功的职业生涯都由一系列成功的岗位组成，而每一个成功的岗位都从一个成功的转变开始。

除了这些能够轻松界定的转折点，领导者们还会经历许多隐性的转变。这样的转变发生在当领导者的角色和职责有实质性的改变，但头衔并未发生相应变化之时。这样的情况屡见不鲜，因快速增长、重组或并购引起组织性转变时常常出现。隐性的转变可能会尤其危险，因为领导者常常意识不到它们的存在，或者没有给予它们足够的重视。最危险的转变可能就是当下正在发生而你尚未意识到的那一个。

领导者还会受到许多身边人角色转变的影响。在一家代表性的《财富》500 强企业中，每年大约有 1/4 的经理层转换工作[3]。而每一位领导者的角色转变，实质上会影响到差不多其他 12 个人的表现——包括上司、同事、直接下属，以及其他利益相关者[4]。所以即使你本人并不处于转变之中，你也可能会受到其他人转变的影响。要明白这一点，你可以想一想你附近哪些人正处于他们的“第一个 90 天”中。这个数字可能会大得让你吃惊。

现在的问题是，尽管关于如何成为一个更有效力的领导者，我们已经有大量的著述进行了大量的讨论，却鲜有研究专门针对如何在领导力和职业生涯的角色转变期成功前行做出解答。当面对这些职业生涯的严峻考验之时，人们仍然毫无准备，也无从获取可以帮助他们的知识和工具。这也正是这本书想要解决的问题。

达到损益平衡点

在每一次角色转变中，你的目标都是尽可能快地达到损益平衡点。到达这个点时，你对于新的组织的贡献值和消耗值就相等了。如图 I–1 所示，在早期，新的领导者是价值的净消耗者；随着不断学习，并开始采取行动，他们也开始创造价值。从损益平衡点开始，他们（有望）成为所在组织的净价值贡献者。

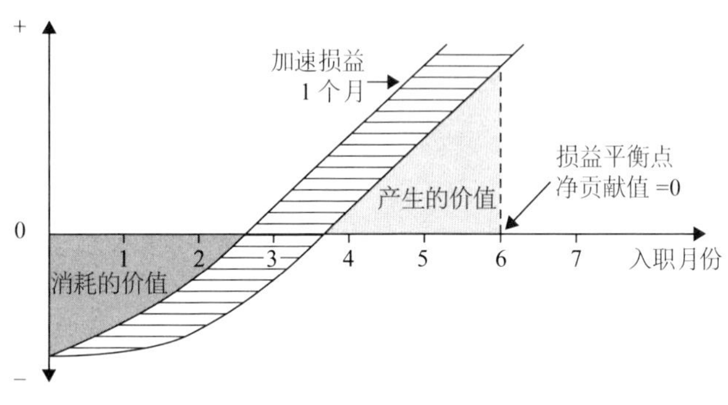

图 I–1　损益平衡点

对于一个获得晋升或从外部聘请的典型中层领导者需要花费多长时间达到损益平衡点的问题，我们询问了超过 200 位公司 CEO 和总裁，他们的最佳估计是平均6.2个月[5]。当然，达到损益平衡点的时间差异可能很大。如果你接手的是传说中的“烂摊子”，可能在你的任命下达之时你就开始创造价值了。但是，如果你是从外部受聘进入一个成功的组织，你可能要花费一年甚至更长的时间来成为价值的净贡献者。尽管时间差别很大（我深入研究了不同转变类型的挑战），目标却是一致的：尽可能快速地、有效地抵达目的地。

本书提供了显著压缩到达损益平衡点时间的蓝图，不管你在组织中处于哪一层级都适用。

实际上，独立研究已经表明，如果严格应用本书中描述的基本原理，你可以将所花费的时间最多减少40%[6]。

避免掉入角色转变期的陷阱

和大部分领导者一样，你可能在多年的实践中学习过如何成功转变角色——尝试、犯错，最终取得成功。在这一过程中，你开发出了一些有用的方法，至少它们在之前的实践中都表现良好。但是，在一些情境下有用的方法并不一定在另一些情境中生效，而你往往在不可挽回时才发现这一点。这也就是为什么我们要遵循一套全面的角色转变框架，这样的框架能够对多位领导者在各种各样情况下的经历进行有效的提炼。

以下面所列的常见陷阱为例。其中列出的内容都是来自与经验丰富的领导者的访谈以及Genesis/HBR/ IMD研究中被调查者对问题的回答。阅读以下内容的时候，思考你自己的经历。

固守你所擅长的事情。你认为在新岗位上继续采用之前的策略能够获得持续甚至更大的成功。你没有看到新的岗位要求你停止过去的一些习惯，并开发新的能力。

深受"必须行动"思维所害。你感到自己必须采取行动，而且过急、过早地想要在组织身上打上自己的烙印。你太忙碌而没有好好学习，做出了错误的决策，引发了他人对你的举措的抵制。

设立不现实的期望。没有针对你要开展的工作与他人进行过沟通，也没有建立清晰、可实现的具体目标。你可能表现良好却仍然没有达到你的上司和其他重要利益相关者的期望。

试图做得太多。你在所有的方向上都很匆忙，启动了多个项目，希望其中某些能够成功。这让其他人感到困惑，而且你也没有在重点项目上投入足够数量的资源。

带着"正确"答案前来。你在来之前已经打定了主意，或者你太快就决定了问题在哪里、应该怎样解决。这使得原本可以帮助你理解当前情况的人变得疏远，也浪费了为良好解决方案赢得支持的机会。

专注于错误类型的学习。你花费了过多时间专注于学习业务的技术性内容，却没有投入足够精力去了解你的新岗位所处的文化和政治环境。你没有建立起了解当前情况所必需的文化洞察力、关系和信息渠道。

忽视横向关系。你过于关注纵向关系——从上司到直接下属，却没有花足够的时间处理好与同级和其他利益相关者的横向关系。你没有充分理解获得成功必需的条件，错过了建立支持性同盟的早期时机。

你在过去曾经掉入过这样的陷阱之中吗？你看到其他人经历过这些情况吗？现在思考一下你的新角色。你是否面临着犯以上错误的危险？为了避免脱离轨道，而是更快地达到损益平衡点，在接受新工作时请牢记这几点。

开创良好势头

每一个陷阱都让受害者陷入恶性循环中（见图I–2）。如果在一开始没有能够以正确的方式学习正确的内容，你可能早早地就做出了

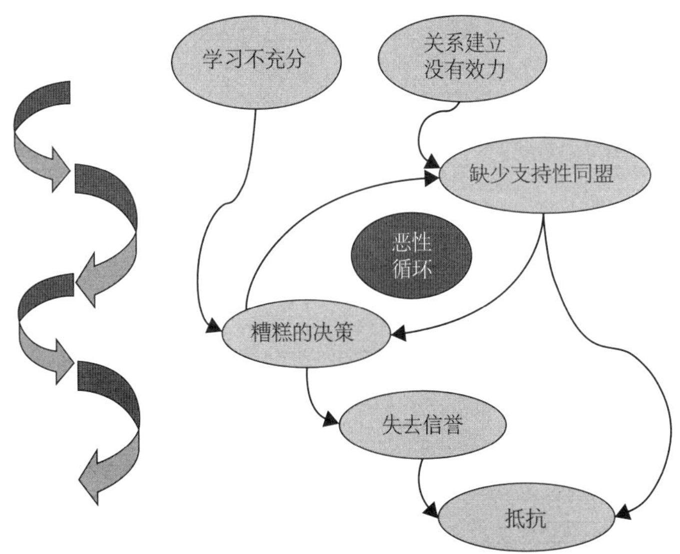

图I–2　角色转变期的恶性循环

错误的决策，伤害了你的信誉。之后，因为他人不再信任你的判断，想要了解你需要知道的东西会变得更加困难。你需要花费大量的精力弥补之前的失误，而境况继续螺旋式下降。

但你的目标不仅仅是避免恶性循环，你需要创造良性循环，帮助自己打造良好的势头，并建立一个有效性不断加强的螺旋式上升局面（见图 I–3）。

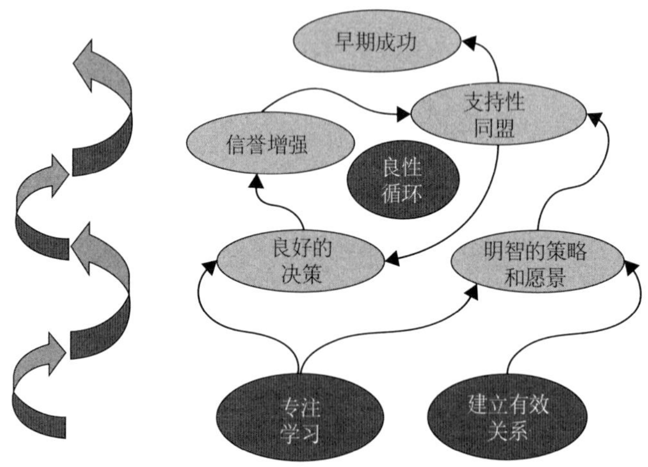

图 I–3　角色转变期的良性循环

以正确的学习为基础而做出的良好初始决策能够加强个人信誉的建立。随着他人对你的判断力信任的加深，你学习的效力会加强，也将具备在困难问题上做出良好决策的能力。

提高转变速度和接管新工作时，你的首要目标是通过创造良性循环建立良好势头，避免陷入影响信誉的恶性循环。领导力最终就是影响力和作用力。毕竟你只是一个人，为了取得成功，你需要调动所在组织中其他人的力量。如果行事妥当，你的愿景、专长和动力能够推动你前进，并帮助你不断扩大影响力；如果行事不当，你就会陷入负反馈环，难以甚至不可能逃离其中。

理解基本原则

角色转变失败的根本原因往往在于机遇和陷阱并存的新角色与优势和弱点共生的个人之间的恶性互动。失败从来不只是由新领导者的弱点而引发。实际上，我研究过的所有失败领导者都曾经取得过显著的成功。失败也不是因为情境本身过于困难，就算超人领袖也无法取得成功。实际上，那些脱离轨道的领导者所面临的困难并不比那些取得成功的领导者多。角色转变失败的发生是由于新领导者要么误解了情境的根本需求，要么缺乏适应它们的技能和灵活性。

好消息是，你可以采用系统性的方法来降低失败的可能性，并且更快地到达损益平衡点。身处角色转变期的领导者们面临的具体业务情境各不相同，但是典型的角色转变期情境，比如"初创启动"和"整顿转向"，有着一些共同的特点和必要工作。而且，有一些基本原则，比如保障早期成功，在所有层级的所有角色转变中都能发挥作用。这里的关键是要根据实际情境调整你的策略。

十多年的研究和实践表明，你可以显著加快你向新角色的角色转变期。你需要去做正确的事情，包括以下列出的角色转变期的基本任务，然后你会快速建立良好势头，取得更大的成功。

- **自我准备。**在心理上与前一份工作进行告别，做好接手下一职务的准备。你面对的最大陷阱可能是认为你成功到达目前位置的方法和经验在新岗位上仍会有效。固守已知的信息和习惯，过于急切地尝试，然后以失败告终，这样的危险在角色转变期是切实存在的。
- **加速学习。**在新组织中，你要尽可能快地提升学习曲线。这意味着理解它的市场、产品、技术、制度、结构，以及它的文化和政治环境。了解一个新组织的过程可能会像是从消防水管里喝水。你必须系统和集中地投入到你需要学习和了解的内容以及最为有效的学习方法中去。
- **根据实际情境调整策略。**不同的情境需要你对于角色转变期的规划和执行做出调整。比如说，一个新产品、新流程、新工厂或者新业务的“初创启动”所带来的挑战，就和你在“整顿转向”陷入麻烦的某个产品、流程或工厂时所面临的挑战有很大不同。对于情境的准确诊断是制订行动计划的前提。
- **保障早期成功。**早期的成功能够建立起你的信誉，创造良好的势头。它们可以带来良性的循环，使你投入组织中的能量创造出一种“好事情正在发生”的氛围。在最初几个星期中，你需要明确可以建立个人信誉的好机会。而在最初的 90 天里，你需要明确能够创造价值、改善业务结果并帮助你更快达到损益平衡点的方法。
- **通过沟通取得成功。**没有什么其他关系会比你与上司的关系更为重要，你必须清楚地知道如何建立与新上司（或上司们）的建设性工作关系，并且良好地管理他（或他们）对你的期望。这意味着你要认真计划与他（或他们）的一系列对话，话题涉及情境、期望、工作风格、资源和你的个人发展。重要的是，这还意味着发展你的90天计划并与上司达成共识。

- **实现一致**。在一个组织里，你的位置越高，你就越需要扮演一个组织建筑师的角色。这意味着你要弄清楚组织的战略方向是否正确，使其结构和策略相一致，并且发展实现你的战略意图所必需的流程和技能基础。
- **建设你的团队**。如果你接手了一个团队，你需要评估、匹配和调动团队的成员。你可能还需要对团队进行重构，以更好地满足情境的需求。在你的角色转变期及之后的阶段，你是否愿意做出艰难的早期人事决定和你将合适的人放在合适的位置上的能力，是两项最重要的工作。你在解决团队建设的挑战时，工作方法应既具有系统性，又具有战略性。
- **创立同盟**。无论是内部还是外部的同盟，对于你实现目标都是必需的。因此你应当立即着手确认哪些人的支持对你的成功至关重要，并弄清楚应该如何让他们站到你这一边。
- **保持平衡**。在角色转变期的个人和职业动乱中，你必须努力保持你的平衡，并且保留做出正确判断的能力。迷失方向、变得孤立和做出错误决定的风险在角色转变期一直存在。你可以采取行动来加速角色转变并赢得更多对于你的工作环境的控制。

恰当的建议和咨询网络是不可或缺的资源。

- **加速每一个人的转变**。最后，你需要帮助所在组织里的所有人——无论是直接下属、上司还是同事——加速他们的角色转变。你处于角色转变期，就意味着他们也经历着角色转变。你能够让新直接下属越快地进入状态，你自己的表现也就越好。除此之外，系统性地加速每一个人的角色转变对于整个组织的潜在效益是巨大的。

接下来的几个章节将会提供启发性的案例和可以付诸行动的指导方针及工具，帮助你在这十项任务的每一项上都取得成功。无论你身处组织的哪一层级或者面对着哪一种情境，你都将学会如何诊断你的状况，根据你的需求定制行动计划。在这个过程中你将建立一个90天计划，加速推动你进入新的角色。

评估角色转变风险

第一步是诊断你所经历的角色转变的类型。不论你是正在准备新工作的面试还是已经接受了新职务，这都是应用基本原则的出发点。内部晋升和从外部入职新公司是最常见的转变。

但是，大部分接受了新角色的领导者会同时经历多个转变，比如，加入新公司并搬到新地点，或职务晋升并从单一功能岗位转到跨部门岗位。实际上，我们研究的管理项目中的参与者们上次接受新角色时平均经历了 2.2 项重大转变[7]。

这种复杂性增加了角色转变的挑战以及脱离轨道的风险，而且这意味着理解你所经历的角色转变类型、找到你认为最具挑战性的转变至关重要。一个简单的办法就是完成表 I–1 中的角色转变风险评估。

表 I–1　角色转变风险评估

角色转变期类型	标记适用的每一项	评估相对难度（1–10）
转到新的行业或职业		
加入新的公司		
转到同一公司内的新单位或团体		
晋升到更高的级别		
领导之前的同事（假定职务晋升）		
从一个职能部门换到另一个（例如从销售到营销）		
第一次担任跨部门领导职务		
地理位置的移动		
进入一个新的国家或民族文化		
必须同时进行两项工作（旧工作收尾的同时新工作开始）		
接手一个新建立的职位（与现有职位相对）		
进入一家正在发生重大变化的组织		
累加最右一栏的数字，得出你的角色转变风险指数		

为了有效地过渡，首先使用角色转变风险评估来确定你进入新角色时面临的风险。用中间一栏标记你正在经历的角色转变类型。然后，对于你标记的每一项目，以 1 到 10 的标准评估你认为具体的转变具有多大的挑战性：1 是非常容易，10 是非常困难。在右手一栏累加所有的数字，得到你的角色转变风险指数（最高为 100）。这个指数提供的是一种挑战的量级值以及整体角色转变期中你最需要关注的具体范围。

规划你的第一个 90 天

从知道你可能会接手一个新岗位的那一刻，你的角色转变期就开始了（参见图 I–4）。角色转变期何时结束取决于你所面临的状况。不管你经历的是哪一种过渡，在大约 3 个月的时间后，你所在组织的重要人物——你的上司、同事和直接下属通常会期望你已经渡过了某些节点。

所以，你应当将 90 天的时间作为一个规划范围。这样做能够帮助你在有压力的时间框架内运作。如果幸运的话，你可能会获得一些“提前期”，也就是你可能拿到新职位和真正入职之间的时间。在这个提前期中，你可以开始对你的组织进行了解。

不管你拥有多少准备时间，都要立刻开始规划你希望在具体的时间点完成的事项。就算只是短短几个小时的入职前规划也会有长远的作用。首先思考你将怎样度过新岗位上的第一天以及第一天结束时你想做成什么事情；接下来是第一周；然后关注第一个月的结束、第二个月；最后是三个月的时间点。这些规划都是概括性的，但是开始规划的简单行动将会帮助你理清思路。

开始行动

本书针对的是各个级别的新领导者，从第一次做管理者的人到公司的 CEO（首席执行官）。但有效加快角色转变的基本原则适用于

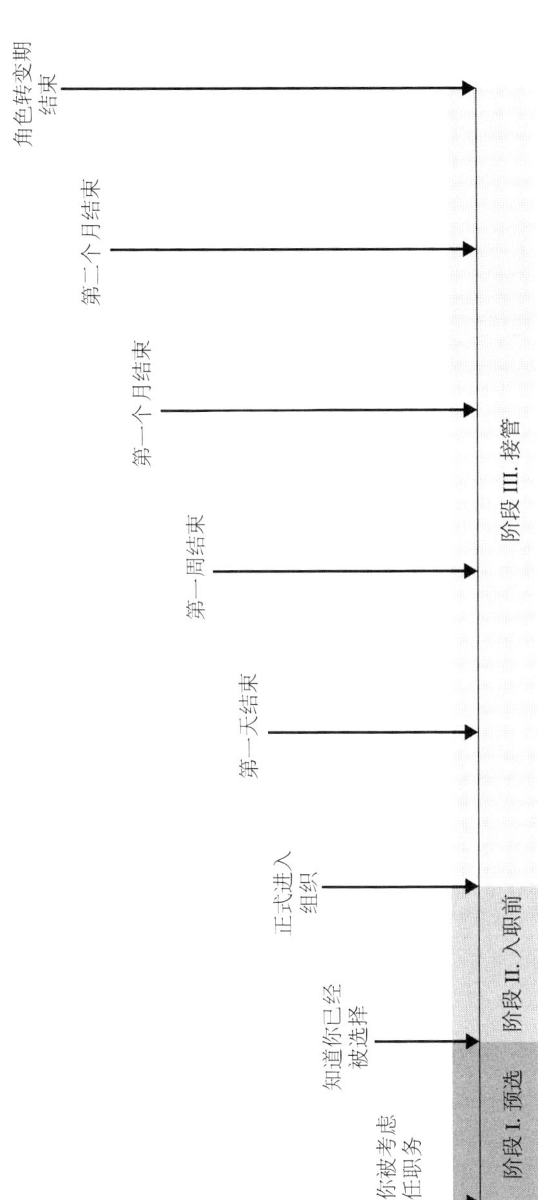

图 I–4　重点角色转变期时间示意图

所有的级别。每一位新领导者都需要快速熟悉新的组织，保障早期的成功，并建立同盟。这也就是为什么本书提供了一些指导方针，指导你如何将原则转换为根据实际情况定制的计划。继续往下读的时候，请主动地阅读，对于具体观点与你个人情况的适用性可以做笔记，还要思考这些建议可以怎样根据你的情况进行自定义。

加速清单和第一个 90 天 APP

每个章节的末尾都有这样一个清单，帮助你提炼章节的关键内容，并将它们应用于你的实际情况，既可以在你有可能获得某个职位时帮助你准备面试，又可以在你已经入职时加速你的角色转变。

第一个 90 天 APP（应用程序）中提供了更具体的指导和建议。这一 APP 在苹果和安卓应用商店都可购买。APP 提供了每天的小贴士和工具，帮助你加速角色转变。

1. 要想更快地到达损益平衡点你需要做什么工作？

2. 你可能会遇到哪些陷阱？怎样避免掉入这些陷阱？

3. 怎样在新工作中建立良性循环并创造良好的势头？

4. 你正在经历什么类型的角色转变？你觉得哪些类型更具有挑战性？为什么？

5. 你的 90 天计划中的关键要素和时间节点有哪些？

第一章 自我准备

在一家顶尖的消费电子产品公司做市场营销工作 8 年之后，朱莉娅·古尔德（Julia Gould）获得晋升，将领导一个重要的新产品开发项目。到那时为止，她的过往表现简直称得上光芒四射。她的才华、专注和决心让她备受认可，也使得她很快获得提拔，担任越来越重要的职务。公司认为她潜力巨大，并把她作为重要领导职位的候选人，她已经走上了晋升的快车道。

朱莉娅被任命为公司最热门的新产品之一的产品投放经理。她要负责协调一个由跨部门员工组成的团队的工作，这个团队的人员来自市场、销售、研发和制造等多个部门。他们的目标是要将这款产品从研发到生产无缝转换，监督产品的快速试产扩量，并简化市场引入的流程。

但是，朱莉娅马上就遇上了麻烦。她之前在市场营销领域的业绩归功于对于细节的极度关注。由于已经习惯了权威式管理和发号施令，她有很强的控制欲和一种管得太细的趋势。当她尝试继续决策时，团队成员们最初并没有表达什么意见。但是很快，两名重要成员就挑战了她的知识和权威，这让她感到苦恼。她专注于自己最熟悉的领域——产品发布的市场营销环节。她对营销团队成员事无巨细的管理方式反而使他们疏远了自己。仅仅一个半月之内，朱莉娅又回到了市场营销部门，而由另外的人来接替她领导了这个团队。

朱莉娅之所以会失败，是因为她没有能够从一个强有力的部门执行者转型为一个跨部门的项目领导者。她没能领会到，之前那些让她在营销部门取得成功的能力也可能成为这个新角色里的障碍，因为这个角色要求她在没有直接权威或者出众专长的情况下发挥领导作用。她只是延续了自己一直以来熟悉的办事方式，自我感觉充满信心、一切尽在掌握。当然，结果与她的预期相反。她没能放弃过去并完全地投身新角色之中，也因此浪费了一个在组织中上升的好机会。

认为持续之前工作中的方式、方法可以保证新岗位里的成功，甚至取得更大的成绩，这显然是错误的。人们理所当然地认为，“他们就是因为我的能力和成绩才把我放到目前的岗位上，那他们肯定是希望我延续之前的那种表现。”这样的想法是破坏性的。持续以你熟知和擅长的方式工作（并且避免你不熟知的方式）可能会起作用，至少在刚开始的那会儿看起来挺管用的。这样的话你就会陷入一种拒绝承认现实的状态之中，认为你的工作看起来很有效率，所以它们肯定是有效果的。你可能会一直在这样一种思维状态里，直到周围的墙体全部坍塌。

那么朱莉娅当初应该怎么做呢？她应该专注于为这个新岗位做好自我准备。从宽泛的层面而言，自我准备意味着放手过去、拥抱新形势下的迫切需要，为自己赢得一个良好的开端。这样的工作并不容易，但是至关重要。前途无量的管理者们往往就败在没能做好准备迎接未来的必需改变上。

自我准备的出发点就是要理解你即将面临的角色转变的类型。为了说明不同类型的角色转变所相关的不同挑战，我将专注于两种最常经历的转变：职务晋升和从外部入职新公司。

职务晋升

晋升是多年辛苦工作之后，终于让组织中有影响力的人物认可你有意愿且有能力承担更高层次工作的结果。它也意味着新旅程的开始。你必须清楚地知道在新岗位上表现出色所必需的条件，怎样超过提拔你的人的预期，怎样让自己定位于追求更高远的目标上。具体来说，每次晋升都为新领导者带来了需要克服的一系列核心挑战。

平衡广度和深度

每次晋升，你的视野都会扩展，以容纳一个更宽维度的事务和决策。所以你要在新岗位上取得并保持一个高层次的视角。为了获得成功，朱莉娅必须将她对于营销部门的关注转移到与产品发布相关的全面事务上。

你还必须学会在保持宽广的视野和深度钻研细节之间取得平衡。这样多任务兼顾的工作颇具挑战性，因为在你之前的岗位上 5 万英尺的视角可能只会相当于新工作中的 5 000 英尺，甚至 500 英尺。

重新考虑你将委派下去的任务

每一次晋升，你要应对的事务的复杂性和模糊性都会增加，所以你需要重新考虑你所委派的任务。不管你处于什么位置，有效委派任务的关键都是一致的：建立一个由你所信任的、有能力的人组成的团队，设立目标和标准来监督他们的进展，将高层次的目标转换为由你的直接下属所负责的具体责任，并且通过流程中的环节不断强化它们。

但是，当你获得职务晋升之后，你所委派的东西往往要改变。如果你带领的是一个 5 人小组织，那么委派诸如起草一份营销材料或者向某个具体客户进行销售这样的任务是可行的。但是在一个 50 人的组织里，你的专注点可能要从任务转移到项目和流程上去。在一个 500 人的组织里，你则常常需要委派与具体产品和平台相关的职责。而在 5 000 人的组织里，你的直接下属可能都要负责一整块业务的工作。

改变影响方式

传统智慧称，你的职位越高，就越容易把事情做成。其实不然。与此相矛盾的是，当你获得职位晋升后，职位的权威性对于推动进程的重要性却常常会降低。就像朱莉娅那样，你可能确实在更广的范围内对业务的决策起作用，但是你参与其中的方式会发生改变。决策变得更加政治化，与权威不那么相关，反而更在乎影响力。这并非好事或者坏事，只是不可避免而已。

这主要有两个原因。第一，当你的职位晋升后，你所面对的问题更为复杂，也更加模糊，你之前仅仅基于数据和分析来判定“正确”答案的能力也相应减弱。决策更多地被其他人的专业判断和“谁信任谁”以及相互支持的网络所影响。

第二，在组织的更高层级，其他的行为者能力更强，也有着更强的自我意识。你要记住，你获得晋升是因为你有能力并且有前进的动力，但现在你身边的所有人都具备这样的条件。所以你并不应该感到意外——为什么你的位置越高，决策的游戏变得越激烈，政治性也越强。那么，对你来说，更为有效地建立和保持同盟者就显得至关重要。

更为正式的交流

获得晋升的好处就是你能够拥有更广阔的视角，以及影响它的更大的自由度；不利之处则是你离前线更加遥远了，更可能获得过滤之后的信息。为了避免这种不利情况，你需要建立新的交流渠道，以便了解到行动最前线的状况。比如，你可以保持与特定客户的常规和直接联系，或者经常性地与一线员工会面。当然所有这些都要在不损害行政管理系统完整性的前提下进行。

你还需要建立新的渠道，用来在组织内沟通交流你的战略意图和视角，召集中型、大型集会而不是个人或小团体会面，或者使用电子通信手段将你的信息播放给最广大的观众。你的直接下属能够在传播你的观点和保证关键信息的传达方面起到更为重要的作用，这也是你在评估所继承的团队成员所拥有的领导技能时需要考虑的。

展现恰当的形象

威廉·莎士比亚在戏剧《皆大欢喜》（*As You Like It*）中说："整个世界是一个舞台，所有的男男女女只是其中的演员。"获得晋升所带来的一个不可避免的现实情况就是，你将会得到更多的关注以及更多的监视。你成为一个重要的公开剧目的主演。你的私人空间更小了，你面临着更大的压力，要时时刻刻都展现出领导力。

这也就是为什么我们要早早地确定，在你的新岗位上"领导力"意味着什么？在你所处的新管理层级上，一个领导者看起来应该是怎样的？他如何行动？你想要在新岗位上拥有怎样的个人领导力品牌？你会怎样展现自己的特色？这些都是需要重点考虑的，也值得花费时间去探索。

表 1–1 中对这些晋升后将遇到的关键挑战进行了总结。

表 1–1　晋升核心挑战

真正受到挑战的是什么？	你应该怎么做？
更广阔的影响范围。需要关注的事务、人物和观点范围更广	平衡深度和广度
更复杂，更模糊。变量更多，结果的不确定性更强	更深入地委派任务
组织政治环境更困难。要与更多的强大的利益相关方相抗衡	改变影响的方式
离一线更远。你和一线执行人员之间距离更远了，可能会减弱沟通，增加更多的环节	更正式地沟通
更强的监视。更多的人、更为频繁地关注你的行动	调整增加行动的可见性

对每一项核心挑战，都有对应的新晋升领导者应采用的策略。

入职新公司

在职务晋升的情况中，领导者们通常对自己所在的组织比较了解，但是需要开发一些在新层级上有效的行为和能力。而如果你新入职一家组织，你所遇到的角色转变挑战将会很不一样。加入新公司的领导者通常是在横向移动：他们被聘用来开展他们在其他地方做得很成功的工作。他们的困难在于适应新的组织背景，这其中包括不同的政治结构和文化。

让我们来看一下大卫 · 琼斯（David Jones）在 Energix 的案例。Energix 是一家小型的、快速增长的风能公司。大卫是他们从一家享有较高声望的全球制造业公司招来的人才。大卫最初接受的是工程师的训练，从研发部门一级级做到了公司电气分销部门负责新产品开发的副总裁。大卫学会了在这样一家因领导者后备队实力而知名的公司如何领导。那里的文化倾向于命令和控制型的领导模式，但是人们也可以畅所欲言，公司氛围也确实如此。这家公司一直都是采用和改进过程管理方法方面的领先者，包括全面质量管理、精益生产和六标准差（六西格玛）等。

作为 Energix 研发部门的新任主管，大卫进入的是一家经历了典型创业转型的公司，他们从 2 个人发展到 200 人再到 2 000 人，现在将要成为一家大型企业了。因此，公司 CEO 在招聘过程中不只一次提醒大卫，他们需要进行改变。“我们要更富有纪律性。我们之所以取得成功，是因为我们保持专注，并且像一个团队那样工作。我们互相了解、互相信任，也一起走过了这么长的一段路。但是我们必须将做事的方式转变得更为系统化，否则我们就不能很好地利用和保持我们当前的规模。”所以大卫明白，他的首要任务就是要定位、系统化并改善研发组织的核心流程，这是奠定可持续增长基础的关键一步。

大卫与往常一样充满热情地投入到新岗位的工作中。他发现，这家公司在很大程度上只是由集体意志和立场来运营，许多重要的经营和财务流程并未妥善建立，其他的则未得到足够控制。仅就新产品开发而言，几十个项目没有充分的规格说明、精确的时间表或是可交付成果。Energix 公司的一个关键项目——下一代的大型涡轮机，已经落后预定日程近一年，并且远超预算。最初的几个星期之后，大卫对于到底是谁又是怎样把这家公司维持到了现在这个局面感到困惑，同时也无比坚定地认为他能够将公司带向更高的层次。

但是很快他就遇到了障碍。高级管理委员会（SMC）会议一开始的结果让人沮丧，而且情况越来越糟。大卫以前所习惯的是具有高度纪律性的会议，议程明确，决策具有可执行性，就算是过程痛苦也是为了达到最终的意见一致。令他尤为烦恼的是现在的会议中缺乏对紧迫问题的开放讨论，还有一种决策是在后台渠道做出的感觉。每当大卫向 SMC 提出一个敏感问题，或是向会议室里其他人施压，要求他们做出行动的承诺时，大家都一片沉默，或者照本宣科说出为什么这些事不能这样做的一堆理由。

两个月过去了，大卫的耐心逐渐被消磨，他决定专注于自己被聘任来做的事情：修改新产品开发流程，以帮助公司提升业绩。他召集了一次会议，请研发、运营和财务部门的主管来参加，共同讨论如何开展工作。在那次会议上，大卫提出了一个计划，决定建立团队，明确现有的流程，并进行重新设计。他还概述了必须投入的资源，比如从运营和财务部门选派强人加入团队，从外部聘用咨询师以帮助分析等。

虽然经过了招聘过程中与 CEO 的交谈，也感觉自己获得了明确的授权，大卫还是被遇到的困难震惊到了。会议参与者听取了他的想法，但是并不承诺会加入或者让他们的下属加入大卫的计划。相反，他们敦促大卫把这个计划拿到整个 SMC 面前去讨论，因为它影响到了公司的许多方面，如果没有小心地管理有可能会造成破坏性后果。大卫后来才知道，有两名参会人员在会议之后很快就去找了 CEO，表达了他们的担忧。根据其中一人的说法，大卫是“一头闯进瓷器店的蛮牛”；另外一人则表示“我们必须要特别小心，不要在制造下一代涡轮机的过程中打乱了某些微妙平衡”。两人都坚定地认为：“让琼斯来负责这些事情也许并不是什么正确的决定。”更麻烦的是，大卫与 CEO 的关系也经历了一次显著的、令人不安的寒冰。

加入一家新公司就像是器官移植，而你就是那个新器官。如果在适应新环境的时候考虑得不够周到，你可能会受到来自组织免疫系统的攻击，并被拒绝接收。大卫在 Energix 所经历的挑战就是明证。

接受调查的时候，资深人力资源从业者压倒性地认为从外部进入内部的挑战比从内部晋升的挑战“困难得多”[1]。他们将“空降”雇员高失败率的原因归结为几大障碍，尤其是以下几项：

- 来自公司之外的领导者不熟悉信息与沟通的非正式网络；
- 外聘人员不熟悉公司文化，因此做领导工作时困难更大；
- 组织不了解新人，新人没有内部晋升人士在组织内部拥有的信任；
- 某些组织内部晋升和聘用的传统使得他们难以接受外来者。

想要克服这些障碍、成功加入新公司，你应当关注于新员工入职方面的四大支柱工作：熟悉业务、联系利益相关者、实现期望的一致性和文化适应。

熟悉业务

熟悉业务是新员工入职最直接的工作。你越早了解要参与运营的业务环境，就能越早做出积极的贡献。熟悉业务意味着了解公司的整体情况，而不仅仅是你所参与的具体业务。你在努力了解这个组织的过程中，跳出财务、产品和战略这样的小框架去思考非常重要。例如，不论你处在什么位置，了解你将要支持的品牌和产品都是有益的，不管你是不是直接参与销售和营销工作；你还要关注运营模式、规划和表现评估体系以及人才管理制度，因为它们对于你能够怎样最大效用地产生影响非常重要。

联系利益相关者

尽快建立正确的关系网络也非常重要。也就是说要确定关键的利益相关者，并建立和他们之间建设性的工作关系。就大卫的情况而言，新的领导者会面临一种自然但是危险的趋势，那就是专注于在角色转变早期建立的纵向关系，即上至老板们、下至团队，而花费在与同事和直接相关组织以外的重要支持者之间建立横向关系的精力往往不够。请记住，你千万不要在自己的房子半夜起火的时候才第一次去跟自己的邻居打招呼。

实现期望的一致性

不论你认为自己有多了解他人对你的期望，在正式入职之后也要切记请再多次确认。为什么呢？因为在你之前形成的对于自己的职责、支持和资源的理解，在入职之后可能并不一定完全准确。这并不是因为你走错了方向，而是，招聘像是恋爱，而雇用却是婚姻。正如大卫所学习到的，新聘用来的领导者很容易认为他们拥有比实际更多的自主权。如果他们在这样错误的设想之上采取了行动，就很容易引发不必要的阻力，甚至使自己脱离轨道。

还有一点，除了上司的期望，还要理解并且将重要支持者的期望考虑进来，这也非常重要。比如，如果你在一个业务单位工作，就要关注公司总部财务部门的关键人士。如果他们可能会影响你会怎样被评估和奖励的话，这一点尤为重要。

文化适应

领导者加入新的组织时面临的最令人生畏的挑战就是适应不熟悉的文化。对于大卫来说，这意味着从一个权威驱动、关注过程的文化向一种共识导向和关系型的文化过渡。

为了顺利地适应，你要理解这种文化整体上的状况，以及它在你将要加入的组织或者下属单位是如何呈现的（组织中的不同单位可能有不同的亚文化）。这样去做，能够帮助你像一名人类学家那样研究一个新发现的文明。

文化是什么？它是人们遵循的交流、思考和行动的一组一致的模式，并基于共同的假设和价值观。任何组织的文化一般都是多层次的，正如图 1–1 中所展示的那样。文化金字塔的顶端是表面要素——符号、共同的语言和其他的外来者最容易看到的部分。明显的符号包括组织的标志、人们的衣着风格、办公室空间的布置和分配。

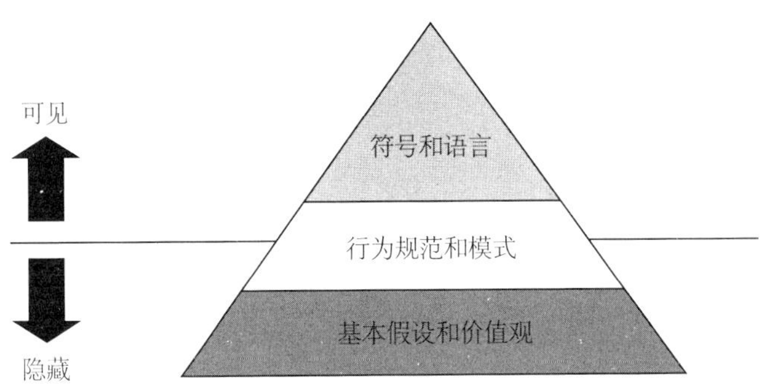

图 1–1　文化金字塔

同样，每一个组织都有他们的共同语言——比如，用来描述业务单位、产品、流程、项目和其他公司要素的一长列缩写词。所以你要早早地投入精力，学习向“当地人”一样说话。在这一个层级，新来者相对容易找到融入的办法。如果和你同一层级的人不穿格子衫，那你也不应该穿，除非你想要发出信号，表明自己想要改变这种文化。

在符号和语言的表层之下是更深刻、更不容易被看到的组织规范和组织内约定俗成的行为模式。这些文化要素包括如何获得他人对重要举措的支持，如何赢得对自己所做出成绩的认可，如何看待会议——它们是进行讨论的平台，还是只是橡皮图章一样的场合（参见“识别文化规范”文本框）？这些规范和模式难以看清，往往只会在你所在的一个新环境里待了一段时间之后才会变得明显。

最终，所有的文化就是每个人都有的、关于这个世界如何运作的基本假设——那些灌输和加强金字塔中其他要素的共同价值。一个好的例子就是公司里的员工对于根据职位分配权力的方式的普遍认可。特定职位的高管们是从第一天起就被赋予了大量决策权力，还是说权威的程度是根据资历而来？组织是根据一致意见运营，还是说服的能力是关键？同样，这些文化要素通常是不可见的，需要经历时间之后才会变得清晰。

识别文化规范

在以下这些领域中，不同公司的文化规范可能差异巨大。角色转变期的领导者应当使用这样的清单来帮助自己明晰他们所要加入的组织中事情到底是如何运作的。

- **影响力**。如何赢得他人对关键举措的支持？赢得领导团队内部支持者的帮助和同事及下属对于你的想法的肯定，哪一个更为重要？
- **会议**。会议是充满了关于重要议题的对话，还是只是为那些私下已经达成但需要公开批准的协议提供一个平台场所？
- **执行**。当真正要把事情做成的时候，对于流程的深入理解和知道在合适的岗位使用合适的人，哪一点更重要？
- **冲突**。员工是否能够开诚布公地讨论难点问题而不用担心打击报复，还是说他们要尽力避免冲突——甚至，要把它推给更低层级的人，让它在那里肆意暴虐？
- **认可**。公司是推崇明星人物，奖励那些以明显的行动和语言推动了业务活动的人，还是鼓励团队协作，奖励那些以权威来领导，但是低调而又具有协作性的人？

- **目的与手段。**公司对于你追求成绩的手段是否有所限制？有没有一套定义明确、经过良好沟通的价值观，并通过正面和负面的激励手段不断加强？

具备了对业务状况、政治网络、期望和文化的更深入理解，你就更有底气来弄明白如何在适应新组织和尝试改变它之间寻求平衡了。表 1–2 列出了入职一家新的组织时，相关的四大支柱事务和行动项目。

表 1–2 入职清单

熟悉业务清单	• 尽可能早地接触关于财务、产品、战略和品牌的公开信息 • 找到额外的信息来源，例如网站和分析报告 • 如果对你所在层级适用的话，可以请公司为你准备一份介绍手册 • 如果可能的话，在正式开始日期之前，安排对关键部门的熟悉之旅
利益相关者联系清单	• 尽早请老板介绍你认识你应该联系的关键人物 • 如果可能的话，在正式开始之前与部分利益相关者会面 • 掌控自己的日程，早早地安排与重要利益相关者的会议 • 关注横向关系（同事和其他人），而不仅仅只是重视纵向关系（老板和直接下属）
实现期望的一致性清单	• 理解并参与业务规划和业绩管理 • 不管你认为自己有多了解自己应该做什么，在工作的第一周也要安排和老板谈话，明确他对你的期望 • 尽早与老板和直接下属就工作风格进行直接、明确的谈话
文化适应清单	• 在招聘阶段，询问关于组织文化的问题 • 安排与新老板和人力同事的对话，讨论工作文化，并定期再次与他们确认 • 找到组织内部可以作为文化解读者的人 • 30 天之后，在老板和同事间开展非正式的 360 度检查，来衡量适应性工作的进度

领导者进入新文化的挑战不仅仅会发生在两家不同公司之间的转岗时，还会发生在同一家公司、不同业务单位之间的移动时，也就是“内部新入职”时，以及跨国转岗时。为什么呢？因为这两种改变都需要领导者应对新的工作文化。在这样的状况中同样可以应用基本的文化评估和适应方法，只需适当修改即可[2]。

自我准备

具备了对于不同类型的角色转变期挑战的更深入认识之后，你现在可以关注进行自我准备，做出实质工作的那一步了。如何确定自己能够应对新岗位上的挑战呢？你可以关注下文中将要讨论的关于为新角色做好准备的基本原则。

建立一个明确的分界点

从一个岗位到另一个岗位的转移往往在模模糊糊中就发生了。在被放在新岗位之前，你几乎没得到什么通知。如果幸运的话，你还会有几个星期的缓冲期，但是通常这样的转岗就在以天为单位的时间内发生。你会陷入一种混乱之中，在为你的旧工作收尾的同时还要迎接新工作的到来。更糟糕的是，你可能要在你之前的位置找到接替者之前担负起两份岗位的压力，这使得分界线更加模糊。

因为你可能没法在工作职责上有一个清晰的角色转变，所以关键是你自己要在心理上做好转变的准备。找一个特定的时间，比如说某个周末，用这个时间来想象你自己做出改变的情况；有意识地去思考放手旧工作、迎接新工作的问题；努力思考两者之间的差别，并考虑你现在应该怎样以不同的方式思考和表现；用这个时间来庆祝你的转变，可以以非正式的方式和家人朋友一起分享；用这个时间来联系你的非正式顾问和咨询师，向他们寻求建议。行动的底线就是：想尽一切办法让自己进入到角色转变期的状态中来。

评估你的弱点

被任命担任新的职务，是因为那些选择你的人认为你有能力取得成功。但正如你在朱莉娅·古尔德和大卫·琼斯的案例中看到的那样，过于依赖之前让你成功的东西可能会对你的新工作造成负面的影响。

准确找到自己弱点的一种方法是评估你的**问题偏好**——找到你会被自然吸引过去的那种问题。每个人都会比其他人更喜欢做某些事情。朱莉娅的偏好是市场营销，其他人的偏好可能是财务或者运营。你的偏好很可能影响你的工作选择，你会选择那些能够从事更多自己喜欢做的工作。因此，你会不断地完善这方面的技能，并且在这些领域解决问题时具有充分的自信和能力，这样的循环不断加强。这种模式就像是不断锻炼你的右手，而忽略了你的左手：强壮的那只手臂越来越强壮，而瘦弱的那只则逐渐萎缩。这样做的风险就是你创造了一种不平衡的状况，当只有依赖于双手同时灵活才能取得成功时，你的弱点就会暴露出来。

表 1–3 是一个评估你对不同业务问题偏好的简单工具。根据你对解决这一领域问题时的内在兴趣指向进行选择。例如，在左上角的空格里，问一问你自己有多喜欢在评估和奖励制度下工作。这并不是一个比较性的问题，不要把这方面的兴趣与其他相比较。

分别对每个格子内的问题兴趣进行评分，评分范围从 1（兴趣很低）到 10（非常高）。要记住的是，你被询问的是你的内在兴趣，而不是你的技能或是经验。在完成表格之前先不要看后面的内容。

表 1–3　问题偏好评估

评估和奖励制度设计 ________	员工士气 ________	公正 / 公平 ________
财务风险管理 ________	预算制定 ________	成本意识 ________
产品定位 ________	与客户的关系 ________	组织客户关注点 ________
产品或服务质量 ________	与分销商和供应商的关系 ________	持续的改进 ________
项目管理系统 ________	研发、营销和运营部门的关系 ________	跨部门合作 ________

你在处理以下任一领域问题时的内在兴趣以 1 到 10 的标准进行评估，1 指兴趣很低，10 指兴趣非常高。

现在将你在表 1–3 中的评分搬到表 1–4 中相应的空格中来，然后累加三列五行的得分。

表 1–4　对于问题和功能部门的偏好

	技术	政治	文化	总计
人力资源				
财务				
市场营销				
运营				
研发				
总计				

每一列的总分代表了你对于技术性、政治性和文化性问题的偏好。技术性问题包括战略、市场、技术和流程；政治性问题与组织内的权利和政治相关；文化性问题则包含价值、规范和指导性的假设。

如果某一列总分明显低于其他列，它可能是你的盲点所在。如果你在技术兴趣一列得分很高而文化和政治兴趣两列得分很低，那你可能忽视了组织方程中人文这一方面。

每一行的总分代表着你对于不同业务功能部门的偏好。在某一行得分偏低表明你偏向与这一功能领域的问题不打交道。同样，这都是可能的盲点。

这个诊断性练习的结果可以帮助你回答以下的问题：你最喜欢解决哪个领域的问题？你最不情愿解决哪个领域的问题？你在新岗位上可能会有哪些弱点？

你可以做很多工作来弥补你的弱点。这里有三个基本的工具：自我约束、团队建设、建议与咨询。你需要约束自己，投入时间去处理那些你并不喜欢可能也并不会自然选择去做的重要工作。在这之外，主动地去寻找你的组织内在这些领域具有出色能力的人，他们可以为你保驾护航，你可以向他们学习。顾问和咨询师们也能够帮助你跳出你的舒适区域。

当心你的优势

你的弱点会让你脆弱，但优势也同样可以。就像亚伯拉罕·马斯洛（Abraham Maslow）表达过的那样，“对于手里拿着锤子的人来说，什么东西看着都像是钉子。[3]”帮助你取得目前成功的那些素质（你自己要明白你的锤子是什么）有可能在你的新岗位上成为你的弱点。例如，朱莉娅非常关注细节，这显然是个优势，但是她对细节的关注也有负面的影响，特别是碰上高度需求控制力的情况时，就产生了一种在她最为了解的领域事无巨细地管理他人的趋势。这样的行为打击了那些想要自主工作而不需要监督的员工的士气。

重新学习“如何去学习”

你上一次面临如此陡峭的学习曲线可能已经是很久之前的事了。“我突然意识到自己有好多不懂的地方”是角色转变期的领导者们常常感叹的一句话。你之前可能像朱莉娅那样，在某个部门或者专业里表现出色，然后取得了项目领导者的职位。或是像大卫那样，加入了一家新公司，在这里缺乏现有的网络和文化感知。不管是哪种情况，你都突然需要学习许多东西，而且学习的速度要快。

重新开始学习可能会激发长期掩盖的、令人不安的无能或脆弱的感觉，特别是你遇到挫折的时候，会觉得自己又回到了职业生涯里没什么信心的节骨眼儿。也许你会有一些早期的失误，经历几十年以来的第一次失败。所以你会无意识地开始向那些你有信心、有能力的领域转移，向那些让你的自我价值感加强的人靠拢。

新的挑战和无能所带来的恐惧可能会产生一个否认和防御的恶性循环。坦白地说，你可以选择去学习和适应，也可以变得脆弱、接受失败。你的失败可能会像朱莉娅那样惨痛，也可能会受凌迟般的折磨，但失败都是不可避免的。我在下一章节会讨论加速学习的问题，其中也会谈到否认和防御是肯定会导致灾难的。

重新学习“如何去学习”可能会让你压力重重。所以如果你发现自己一身冷汗地惊醒，也不要慌张，因为绝大部分新领导者都会经历同样的感受。如果你坦然接受学习的需求，你就能战胜它们。

重新建立网络

随着你在职业生涯中一路前行，你所需要的建议也在发生改变。为一个新的角色做好自我准备需要主动地重新建构你的建议和咨询网络。在职业生涯的早些时候，培养良好的技术顾问将是受益颇丰的，这些顾问是营销或者财务等方面的专家，他们能够帮助你完成你的工作。但是，随着你走向越来越高的层级，获得良好的政治咨询和个人建议变得越来越重要。政治咨询师能够帮助你理解组织的政治环境，这样的理解在你想要发起变革时尤为重要。个人顾问帮助你在重重压力之下保持平衡。建议和咨询网络的转型并不容易，你当前的顾问可能是你的亲密朋友，和这些你熟知领域的专家在一起你可能感觉非常自如。但是，退后一步，看清楚你应该在哪里建立起自己的网络，以弥补自身专长和经验中的盲点和差距，是至关重要的。

当心那些想要拖你后腿的人

不管有意还是无意，有些人可能并不希望看到你的进步。比如，你之前的上司可能就不想放你走。所以你必须一旦知道自己什么时候将会转岗，就立马去沟通清楚相关期望，弄明白自己将要做什么来解决问题。这意味着你要明确将要处理的事务或项目，特别重要的是要明确那些你不应该去做的事情。你可以用笔记记录，再将它们返回上司那里，这样的话每个人都了解当前的情况。然后你与你的上司要达成一致。对于你能够取得什么样的成绩，要持现实的态度。你可以做的事情总是做不完的，所以正式开始新岗位工作之前，学习和规划时间是非常珍贵的。

那些成为你的下属的同行们可能并不希望改变他们与你的关系，这个挑战在你获得晋升、将要领导之前的同事时尤为严峻。但改变是必须的，你越早接受（并帮助他人接受）效果会越好。组织里的其他人可能会寻找一些偏袒的迹象，然后根据这些迹象来评判你。

如果你被提拔来监督之前曾是你的同事的人，有些人可能是在竞争中失败而感到失望的对手，有些人甚至会尝试伤害你。这样的事情会随着时间消退，但是，你要尽早对他们对你权威的测试有所预期，并做好计划，坚定地应对。如果你没有在早期建立起限制条件，之后你会为此吃亏。自我准备的很重要的一方面就是让其他人接受你的转变。所以如果你判定这些怀疑的人将永远不会接受你的新角色和由此导致的情况，那么你必须找到办法，尽快将他们移出你的组织。

获取帮助

许多组织都有项目和流程来帮助领导者成功渡过角色转变期。这样的活动从高潜力发展项目（帮助有前途的领导者做好在更高层次任职的准备）到关注于重点职责的正式入职流程（项目或训练），形式多样。你应当充分利用组织为你提供的这些活动。

但是，就算你所在的组织没有提供正式的角色转变期帮助，你也可以与人力部门和你的新上司联系，来创立一个 90 天的角色转变计划。如果你获得了晋升，你要去寻找是不是存在能力模型，描述了你的新角色的种种要求（但也不要指望这个模型涵盖的内容应有尽有）。如果你是外聘人员，你要寻求帮助，来认识并与重要的利益相关方建立联系，或是找到一个文化解读者。这些人是天生的历史学家，能够让你明白这个组织是怎么发展和变革到今天的。

小结

为一个新的角色做好自我准备是很艰难的工作，而这其中的一些障碍藏在你自己身上。花几分钟时间，好好思考你在新角色中的个人弱点，这些弱点通过问题偏好分析应该已经暴露了出来。你要怎么弥补这些弱点呢？想一想可能会拖你后腿的外部力量，比如你对现任上司的承诺。你要怎样克服这样的后果呢？

借用一句老话，自我准备是一个旅程而不是一个目的地。你需要持续地工作，以保证你是在应对新岗位的真正挑战，而不是撤退到自己的舒适区内。人们总是很容易就后退到那些习惯里面，这让你感到舒适，但同时又非常危险。你可以隔一段时间就回头来重新阅读这一章，思考其中提出的问题，问一问自己，你是不是为自我准备尽了最大的努力？

自我准备清单

1. 如果你获得了晋升，你在平衡广度和深度、委派任务、产生影响、进行沟通和展现领导力方面需要做到哪些？

2. 如果你要加入一家新的组织，你将会怎样熟悉业务，认识并与重要利益相关方建立联系，明确他人对你的期望，并适应新的文化？在适应新环境与尝试改变之间怎样才是恰当的平衡？

3. 是什么使你在目前的职业生涯里取得了成功？仅仅依靠这些优势你还能够在新岗位上继续成功吗？如果不能，你需要开发的关键技能有哪些？

4. 你的新工作中有没有这样一些对于成功来说非常重要的方面，但是你却不想去关注？如果有的话，为什么？你要怎样弥补你可能的盲点?

5. 怎样才能保证你在心理上做好角色转变的准备？你可以从谁那里获得建议和咨询？还有其他什么活动能够在这方面为你提供帮助?

第二章　加速学习

克里斯·哈德利（Chris Hadley）在杜拉公司（Dura Corporation）担任质量保证部门主管。这是一家提供软件服务的中等规模公司。当克里斯的上司离开公司，去苦苦挣扎中的软件开发商菲尼克斯系统（Phoenix Systems）任职运营副总裁时，也向他发出了邀请，请他同去担任产品质量和测试部门的负责人。尽管这只是一次平级调动，克里斯还是抓住了这次机会，来领导业务的“整顿转向”。

杜拉是一家世界级的软件开发运营商。从工程学校一毕业克里斯就来到了这里，在质量保证部门一路快速晋升。他技术过硬，在一个尖端技术和富有动力的工作团队里成长起来。在接受新职位之前他去拜访了菲尼克斯的产品检测团队，发现那里的情况远远达不到合格标准。他决心改变那里的状况，并且要快速改变。

到达后不久，克里斯就宣布菲尼克斯的现有流程已经过时，并且公开表示要从头开始，以“杜拉的方式”重建公司的运营。他带来了运营咨询师，咨询师给出了一份措辞严厉的报告，报告称菲尼克斯的测试技术和系统是“过时的”，工作团队的技能是“不够的”。他们建议对产品测试流程进行彻底的重构，并对技术培训和员工培训进行大量的投资。克里斯和他的直接下属们分享了这样的信息，告诉他们他计划根据报告快速行动，第一步就是要“用我们在杜拉工作的方式”重组产品测试团队。

然而，在新的结构到位一个月之后，这一部门的生产力急剧下降，甚至可能会延误一款重要产品的发布。克里斯召集了他的直接下属们，敦促他们“快速解决问题”。但是问题仍然存在，而且整个运营部门的士气颓丧。

在新岗位上工作仅仅2个月之后，克里斯的上司告诉他：“你基本上疏远了所有人。我带你到这里来是要提升质量的，不是让你把这一切都搞砸的。”然后，上司质问了他很多问题：“你花了多长时间来了解公司的运营？你知道他们要求更多的投资已经要求了好多年了吗？你看到他们在你到来之前拿着那点儿资源做成了什么事情吗？你应该停下手上的行动，好好聆听一下了。”

克里斯震惊极了，他去和自己的经理、主管以及员工团队进行了交流和讨论，感到醍醐灌顶。他了解到很多员工在缺少投资的情况下想出的颇具创意的应对方法；他还获得了为什么他的新结构运行不畅的直接反馈。他召集了一次全体大会，并宣布，基于他获得的反馈，他会对结构进行重大的调整。他同时还承诺，在做出其他改变之前，先更新测试技术和培训。

克里斯之前做错了什么呢？和许多新领导者一样，他没有能够好好地了解他的新组织，所以做出了许多损害自己信誉的决定。

成功转变角色的第一要务就是要加速你的学习。有效的学习能够为你提供基本的洞察力，指导你建立接下来 90 天的计划。所以，弄清楚你需要了解哪些关于新组织的内容，然后尽快地学习掌握是非常重要的。你学习的效率越高、效果越好，你就能越早地克服自己的弱点。你可以识别潜在的、随时可能爆发并使你偏离轨道的问题。你在学习曲线上进步越快，你就能越早地开始做出正确的业务决策。

克服学习障碍

如果一个新的领导者脱离了轨道，没有能够有效地学习几乎总是一个原因。在角色转变早期，你不可避免地会感受到自己像是在尝试从消防水管里喝水，需要吸收的内容太多了，不知道关注哪里才好。在向你涌来的信息洪流之中，很容易你就错过了重要的信号。或者你会过于关注业务的技术性方面，比如产品、客户、技术和战略，而欠缺了对文化和政治的重要学习。

使这个问题更为复杂的是，很少有管理者接受过系统性的组织性诊断方面的培训，这着实令人惊讶。接受过这种培训的人要么是人力资源专家，要么是管理咨询师。

另外一个相关的问题是没有能够做好学习计划。计划怎样学习是指，提前找出重要的问题，以及如何才能给出最佳的答案。几乎没有新领导者会花时间来系统地思考他们的学习重点。进入新角色时制定一份明确的学习计划就更少见了。

有些领导者甚至遇到了“学习路障”，也就是内部的学习阻碍。例子之一就是克里斯没能关注到理解组织历史的重要性。你要问的一个基本的问题就是：“我们是怎么走到现在这一步的？”不这样做的话，你可能会在不知道为什么现状会如此的情况下，摧毁现有的结构和流程。在了解了组织历史的条件下，你才能确定有些东西需要改变。或者你会找到一个充分的理由，让事情保持原样就好。

另外一个相关的学习障碍，正如我在前言部分提到过的，就是所谓“必须行动”的陷阱。它的主要症状就是一种近乎强制性的要采取行动的想法。卓有成效的领导者在“动”（采取行动）和“不动”（观察和思考）之间达到平衡。但就像克里斯·哈德利感受到的那样，让自己在角色转变期保持“不动”是非常具有挑战性的；而要“动”的压力往往来自于领导者自身，而不是外部的力量。它反映的是一种信心的缺乏和由之而来的想要证明自己的需求。请记住，展现出真诚学习和理解的欲望就能慢慢转化成不断增强的信誉和影响力。

所以如果你习惯性地陷入了过于焦虑或者过于忙碌而不能投入时间去学习的状态，你可能就是受到了“必须行动”陷阱的困扰。这是一种很严重的苦恼，因为往往太忙碌而没有时间学习的后果就是陷入死亡漩涡。如果像克里斯那样，你没有专注学习和了解，就可能会做出糟糕的早期决策，这些决策又会影响到你的信誉，疏远可能的支持者，并且降低他人和你分享信息的可能。结果就是你会做出更多糟糕的决策，进入到一个恶性循环，给你的信誉造成不可挽回的伤害，所以一定要小心。进入一个新的状况，开始果断采取行动，这看起来似乎没什么问题，而且有时候，正如你在下一章将会看到的那样，这确实是正确的方式，但是你也可能因为准备不足而看不到真正的问题所在。

最具破坏性的可能是，有一些领导者就像克里斯在菲尼克斯所做的那样，是带着“标准”答案到来的。他们已经预先决定了这个组织的问题是什么，以及如何解决这些问题。在事情“以正确的方式”运行的组织里成长起来，这些领导者们没能意识到，在这一个组织里行得通的办法可能在另一个组织里会惨遭失败。正如克里斯以一种艰难的方式领会到的，带着答案前来可能让你更容易犯错，还很可能会导致人们逐渐疏远你。克里斯就以为他可以简单地将他在杜拉学到的东西移植到菲尼克斯的问题上。

入职新组织的领导者们必须关注学习和对新文化的适应。不这样做的话，他们可能会遭受“器官排斥综合征”（新领导者相当于新的器官）在组织上的同等表现：他们所做的事情触发了组织的免疫系统，自己被作为外来者成了被攻击的对象。即使是在你被明确地聘用来引入新办事方式的情况下（例如“整顿转向”情境下），你仍然要学习组织的文化和政治，才能将你的方法社交化和定制化。

将学习作为投资过程来管理

如果你将加速学习的努力作为一个投资过程，你所缺乏的时间和能量是需要细心管理的资源，那么你将会获得“可以转化为行动的洞察力”的回报。所谓可以转化为行动的洞察力，指的是能让你更早地做出更佳决策的知识，帮助你在个人价值创造方面快速地达到损益平衡点。克里斯如果了解以下几点，应该能够做出不一样的行动：①菲尼克斯的高级管理者过去在制度上一直没得到足够的投资，而公司本土的管理者们采取了积极的努力来改善；②在现有的资源环境下，运营团队在质量和生产力方面取得了不俗的成绩；③主管和工作团队无可非议地对他们所取得的成绩感到自豪。

为了使在学习上的投资回报率最大化，你必须从可获取的大量信息中有效且高效地提取可以转化为行动的洞察力。有效的学习需要你弄清楚你必须学习的是什么，这样你才能集中努力。花一些时间尽早地确定你的学习目标，定时地回头看一看，来改善和补充。高效的学习意味着要明确最佳的可用洞察力来源，然后想出如何花费最少的时间来提取最多的洞察力。克里斯用来了解菲尼克斯运营的办法既不明智，也不高效。

确定你的学习目标

如果能够重来一次，克里斯会怎么做呢？他会计划开展一个系统的学习过程——建立一个信息收集、分析、假设和测试的良性循环。

第一步是要确定你的学习目标，理想的情况是在正式进入组织之前就确定好。一个学习目标是你学习重点的凝练：你最需要学些什么？它包括一套专门的问题来引导你的调查或者你想要探索和测试的假设，或者二者皆有。当然，角色转变期的学习是一个反复的过程：最初，你的学习目标将会包括大部分的问题，但是随着你了解到的东西越来越多，你会尝试假设将要发生的情况及其原因。渐渐地，你的学习会转向具体化和测试这些假设。

你应当怎样拟定自己的早期问题清单呢？最开始可以生成一些关于过去、现在和未来的问题（参见“关于过去的问题”“关于现在的问题”“关于未来的问题”文本框）。为什么这些工作会以这样的方式来进行？导致这样的方式的原因（例如为了应对某个竞争性的威胁）现在是否依然有效？条件会不会发生了改变，导致我们要采取不同的方法？所附文本框中提供了这三类的代表性问题。

关于过去的问题

业绩

- 组织过去业绩如何？组织里的人如何看待它的业绩？
- 目标是怎样设定的？这些目标是不足还是过于野心勃勃？
- 是否使用了内部或是外部的参考基准？
- 采取了哪些措施？哪些行为是他们鼓励或阻止的？
- 如果没有达到目标会发生什么？

根本原因

- 如果业绩非常好，可能的原因是什么？

- 战略、结构、制度、人才基础、文化和政治环境的相对贡献是什么？
- 如果业绩不佳，原因是什么？重要问题是存在于组织的战略中、结构中、技术能力中、文化中还是政治环境中？

改变的历史

- 采取过哪些行动来改变这个组织？
- 效果如何？
- 哪些人对于塑造这个组织非常重要？

关于现在的问题

愿景和战略

- 公开的愿景和战略是什么？
- 组织是否真的在追求这样的战略？如果不是，为什么？如果是，这样的战略是否能将组织带往它的目的地呢？

人

- 哪些人有能力，哪些人没有？
- 哪些人值得信赖，哪些人不值得？
- 哪些人有影响力，为什么？

流程

- 关键的流程有哪些？

- 它们在质量、可靠性和时效性方面的表现是否可以接受？如果不能，为什么？

地雷阵

- 哪些潜伏的意外可能爆炸，并使你脱离轨道？
- 你必须避免哪些可能的破坏性文化或政治失误？

早期胜利

- 你可以在哪些领域（人、关系、流程或产品）取得一些早期胜利？

关于未来的问题

挑战和机遇

- 在未来的一年中，组织在哪些领域最有可能遭遇严峻挑战？为了应对这些挑战可以做哪些准备？
- 尚未被利用的、有发展前途的机遇有哪些？需要做什么工作来实现这些潜在机遇？

障碍和资源

- 想要做出必需的改变所面临的最艰难的障碍是什么？是技术、文化还是政治方面的？
- 是否有可以利用的英才中心或者其他高质量的资源？
- 还需要开发或取得哪些新的能力？

文化

- 文化的哪些要素需要保留？
- 哪些要素需要改变？

在你努力回答这些问题的时候，也要思考怎样恰当地混合技术、人际、文化和政治学习[1]。在技术领域，你可能要应对不熟悉的市场、技术、流程和系统；在人际领域，你要了解你的上司、同事和直接下属；在文化领域，你要了解规范、价值和行为期望，这些要素和你来自的那个组织可以说肯定是不一样的，即使你是在同一公司的不同单位之间移动也会有差别；在政治领域，你必须了解“影子组织”，也就是在正式组织结构的阴影下存在的一套非正式流程和同盟关系，影子组织会强烈地影响工作完成的方式。政治领域非常重要，又难以理解，因为对于那些没有在组织里待过的人来说它并不是轻易可见的，也因为政治“地雷阵”很容易会阻碍你在角色转变期建立坚实支持基础的努力。

确定获得洞察力的最佳来源

你将会从各种类型的“硬”数据中学习，比如财务和运营报告、战略和部门规划、员工调查、媒体报道和行业报告。但是为了做出有效的决策，你还需要关于组织的战略、技术能力、文化和政治环境的“软”信息。获得这些信息的唯一方式是与掌握关键知识的人交谈。

谁能够为你的学习投资提供最佳的回报？识别最有希望的来源可以让你的学习既全面又高效。要记住的是，你需要听取组织内部以及外部关键人士的意见（见图 2–1），与拥有不同视角的人交流将会加深你的洞察力。具体而言，它会帮助你转换外部现实和内部视角，解释沟通层级顶端的人和一线的人。

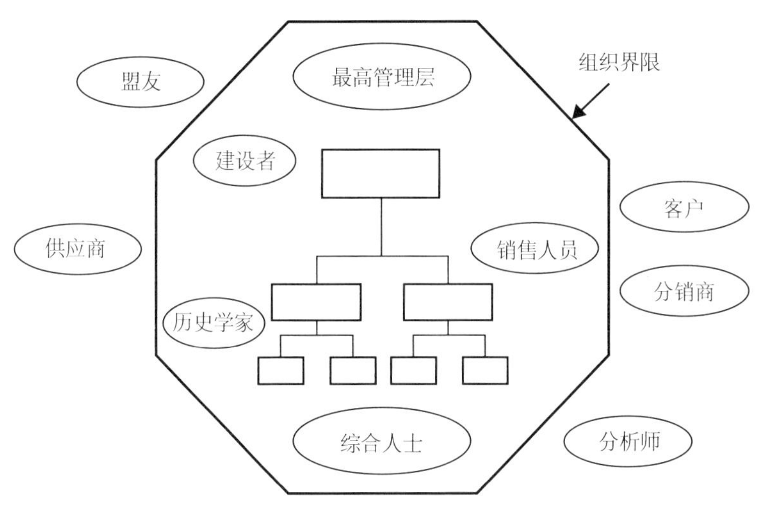

图 2–1 获得洞察力的信息来源

最有价值的信息来源可能是以下这些：

- **客户**。外部和内部的客户怎样看待你的组织？你的最佳客户怎样评估你们的产品或服务？你们的客户服务做得怎么样？如果是外部的客户，他们如何比较和评价你们和你们的竞争者？
- **供应商**。供应商也能以客户的角色为你提供他们对于你的组织的观点。你还可以了解到管理质量和客户满意度的内部系统的优点和不足。

- **分销商**。通过分销商，你可以了解到产品移动物流、客户服务以及竞争者的实践和产品，你还能了解到分销商自身的能力。
- **外部分析师**。分析师能够提供一个对于你所在公司的战略和能力以及你的竞争者的相对客观的评估。分析师还对市场需求和行业的经济健康状况有一个广阔的整体视角。

不可或缺的内部信息来源有：

- **一线研发和运营人员**。这些人负责开发、生产或交付你们的服务。一线员工能够让你熟悉组织的基本流程和与重要外部支持者的关系。他们还能够展示出组织的其他部分是如何支持或破坏一线工作的。
- **销售和采购**。这些人员和客户服务代表、采购员工一起，直接与客户、分销商和运营商进行互动。他们往往会有关于市场趋势和即将发生的改变的最新信息。
- **员工**。与财务、法律和人力资源等职能部门的主管或重要员工交流。这些人员具有专业化且关于组织内部工作的十分有用的视角和观察。
- **综合人士**。综合人士是那些协调或者推动跨部门互动的员工，包括项目经理、工厂经理和产品经理。你可以从他们那里了解到公司内部的各个环节如何运作、各个部门如何协作。这些人还能够帮你发现真正的政治层级，以及确定内部冲突所在。

- **资深老员工。**关注“老前辈”或者资深老员工们，他们在组织中待了相当长的一段时间，他们自然地吸收了这个组织的历史。从这些人身上，你能够了解到公司的传说（关于组织为何存在、经历的考验等重要故事）以及组织文化和政治环境的根基。

如果你是组织的新人，你在正式入职之前为了加速融入进程可以做的事情有很多。在招聘过程以外的第一步就是要利用网络上丰富的资源，包括组织的背景信息和分析、重点人物的传记，以及组织自己的网站上公开的信息。除此之外，如果有可能的话，最好要接触到组织的现任或者前任员工，向他们多了解一点儿组织的历史和文化。

采用结构化的学习方法

一旦你有了一个关于自己需要学习什么，以及到何处去寻求知识的大致概念之后——不管是从报告中、与了解情况的人的对话中还是电子资源中，下一步就是要理解怎样最好地学习。

很多领导者会埋头进来然后开始跟人对话。通过这种方式你会获得大量软信息，但是效率并不高。因为这样的方法耗时很长，而且缺乏结构性，难以明晰地确认应该在不同个人的观察上附以多重的砝码。你的观点可能会过于受到最初（或者最后）几个跟你谈话的人的影响。这样的话人们可能会早早地去找你对话，以便影响你。

相反，你应该考虑使用一个结构化的学习流程。为了说明这种办法的优势，你可以想象一下，你计划与你的直接下属们会面，想要引出他们的评估。你会怎样去做这件事呢？立马把他们聚在一起可能并不明智，因为有些人并不愿意在一个公开的场合表达他们的真实观点。

所以你可以从一对一的单独会面开始。当然，这种方法还是有其弊端，因为你需要按一定的顺序来见这些人。这样的话你就应该预料到你安排后谈的人会跟先谈的人交流，来了解你到底想要做什么。这可能会降低你获取广泛意见的能力，更可能让其他人以并非你所期望的方式阐释了你的信息。

假设你要与你的直接下属一个个单独会面，你将会以什么样的顺序会见他们呢？你又将怎样避免自己被最初交谈的几个人影响呢？一个办法就是在所有的会议里参照同样的台本。你可以用介绍自己和自己的工作方法的简短致辞开场，然后对谈话对象提问（询问背景、家庭和兴趣），之后再提出关于业务的一套标准问题。这种方法是强有力的，因为这样你得到的回应是可以互相比较的。你可以把它们并排摆在一起，分析其中的一致性和不一致性。这样的比较会帮助你了解哪些人更为坦诚而哪些人不够坦诚。

当你诊断一个新组织的时候，第一步应该是与你的直接下属进行一对一的会面。这是通过对同一层级不同部门员工的访谈对组织进行水平切片的一个例子。询问他们基本一致的 5 个问题：

（1）组织当前面临（或者将要面临）的最大挑战是什么？

（2）组织为什么面临（或者将要面临）这样的挑战？

（3）组织成长最有希望的机遇是什么？

（4）组织想要充分利用这些机遇和潜力需要什么条件？

（5）如果你是我，你会把注意力放在哪里？

这 5 个问题，伴随着细心的聆听和周到的后续行动，肯定能够获得许多洞察。我们可以想一想克里斯如果使用了这种方法可以了解到什么。通过问所有人同样的一套问题，你可以分辨出普遍的和有分歧的观点，避免受到最前面的、最强势的或者表达最好的人影响。人们是怎样回答的，也可以让你了解到很多关于自己的团队及其政治环境的信息。谁回答得很直接，谁在避实就虚？谁承担责任，谁又指手画脚？谁拥有一个对业务的广阔视角，谁又似乎困在局部？

一旦你将这些早期的讨论提炼为一套观察、问题和见解，召集你的直接下属团队，向他们反馈你的印象和问题，然后发起新一轮讨论，你将会了解到实质内容和团队生态，还会同时向他们展现出你找到关键问题的速度有多快。

你也不需要严格地遵循这一流程。你可以让一个外部的咨询师来对组织做一些诊断，然后将结果反馈给你的团队（参见“同化新领导者”文本框）。或者你可以邀请一位外部的协调人来推动这个流程。问题的关键点在于，就算是一个简单的结构、一个台本和一系列的互动，比如单独会面，进行一些分析，然后再和他们一起会面，都能够有效地提升你获取可以转化为行动的洞察力的能力。当然，你所询问的问题会根据你见面的群体不同而相应调整。例如，如果你与销售人员会面，你可以考虑询问，有哪些客户需要的东西是我们的竞争对手可以提供，但是我们不行的？

同化新领导者

结构性学习方法的一个例子最初是由通用电气公司开发的新领导者同化流程。在这个流程中，每次一个管理者进入一个新的重要角色时，他会被委派一名角色转变协调人。这名协调人首先和新领导者见面以确定流程安排。然后与领导者的新直接下属进行会议，在会议中询问他们一些诸如“你们想要了解关于新领导的哪些事项”“你想让他了解你的什么问题”“你想让他了解业务的什么内容”这样的问题。会议上主要的发现将不会做归因总结，而是直接反馈给新领导者。这个流程以新领导和直接下属之间的一次促进会议而完结。

结构性学习方法的另外一个例子是使用某种框架，例如 SWOT（优势、弱点、机遇和威胁）分析法来指导你的诊断性工作。这样的框架也可以是与关键利益相关者——上司、同事和直接下属的有力沟通工具，能够帮助彼此产生关于情境的共识。其他的结构性学习方法在特定的情况下具有价值。表 2–1 中描述的一些方法以你在组织中的层级和业务状况为根据，可能会增加学习过程的效率。有效力的新领导者采用方法的集合，调整他们的学习策略以适应实际情况的需求。

表 2-1　结构化学习方法

方法	用处	适用对象
组织风气和员工满意度调查	了解文化和士气。许多组织定期进行调查，可能已经有一个数据库；如果没有，要考虑针对员工的看法进行常规调查。	如果分析材料专门对你的单位或团体公开，则适用于所有层级的管理者。 有用性取决于收集和分析的间隔性。同样还假定调查工具是恰当的、数据的收集是仔细的，且分析是严格的。
与组织或单位的切片部分进行结构化的访谈	明确关于机遇和问题的共同意见及分歧。你可以采访不同部门、同一层级的员工（水平切片），或者穿过不同的层级（垂直切片）。不管你选择哪一个维度，都要询问所有人同样的问题，然后在他们的回应中寻找相似点和差异点。	对于领导着来自不同部门背景的团队管理者最为有用。 如果单位正在经历严重的问题，也可能在更低层级发挥作用。
关注群体	调查那些困扰重点员工团队的问题，比如一线生产或服务员工中的士气问题。将共同工作的人聚在一起会让你看到他们是怎样互动的，并发现谁是其中的领导者。发起讨论可以带来更深入的洞察。	对于人员基本履行类似职能的大型团队管理者最为有用，比如销售经理或工厂经理。 有利于高级管理者快速洞察关于重要员工支持团队的看法。
对过往重要决策的分析	阐释决策模式和权力、影响力来源。选择一个最近的重要决策，研究它是如何做出的。在每个阶段是谁产生了影响力？与参与其中的人对话，调查他们的观点，并关注哪些信息得到了传达而哪些没有。	对于业务单位或项目团体的高级别管理者最为有用。
过程分析	检查不同部门或职能单位间的互动，评估流程的效率。选择一个重要流程，比如将产品交付给客户或分销商的流程，指派一个跨部门团队去跟踪这一流程，确定其中的瓶颈和问题。	对于必须整合多个职能部门专家工作的单位或团队管理者最为有用。 对低层级管理者来说，可以作为理解他们的团队如何融入更大的流程中的一种方法。

（续 表）

方法	用处	适用对象
工厂和市场之旅	从离产品最近的人那里了解第一手信息。工厂之旅让你非正式地接触到生产人员，并且了解他们的诉求。与销售和生产员工的会面帮助你评估技术能力。市场之旅可以将你介绍给客户，客户的评价可能显现出问题和机遇。	对业务单位的管理者最为有用。
试点项目	深入洞察技术能力、文化和政治环境。尽管这些洞察力可能并不是试点项目的重要目的，但是你仍然可以从组织或者你的团队如何回应你的试点活动中了解到很多。	对所有层级的管理者都有用。随着你在组织中层级的上升，试点项目和它们的影响也会随之扩大。

建立学习计划

你的学习目标决定了你想要学习的东西。你的学习计划确定的是你将怎样学习它们。它将学习目标转换成了能够加速学习的具体行动——确定能够带来洞察力的资源、使用系统化方法等。你的学习计划是你的 90 天整体计划的重要组成部分。实际上，在后面你会发现，在你入职的前 30 天里，学习应当是首要关注点（当然，除非过程中出现了意外事故）。

学习计划的核心是一个周期性的学习流程，通过这个流程，你收集、分析和提炼信息，然后发展并检验假设，以此渐进地深化对于组织的理解。显然，你所追求的具体洞察力根据实际情况可能不同。

你可以从以下的学习计划模块着手（参见“学习计划模块”文本框）。在第三章中，你还会探索各种各样的角色转变情境，并再次回答你需要学习什么、在何时学习的主题。

学习计划模版

入职前

- 找到关于组织战略、结构、表现和人员的尽可能多的信息。
- 寻找对于组织表现的外部评估。你将会了解到知识渊博、公正无偏见的人是怎样看待它的。如果你是处于较低层级的管理者，你可以与组织的供应商或客户交流。
- 寻找对于组织非常了解的外部观察员，包括前员工、最近退休的人员和与组织进行过业务交易的人员。向这些人提出关于组织历史、政治和文化的开放性问题。
- 如果可能的话，与你的前任交流。
- 与你的新上司交流。
- 在你开始了解这个组织的时候，写下你的第一印象，以及后来的一些假设。
- 编制一套问题，指导入职后开展结构性的调查。

入职后不久

- 检查具体的运营计划、业绩数据和人员数据。
- 与直接下属一对一见面，询问他们你已经拟定的问题。你将了解你的下属，并发现观点的一致性和分歧性。

- 评估关键交界面的工作开展情况。你将会听取销售人员、采购代理、客户服务代表和其他人对于你所在组织和外部支持者打交道的观感。你还会了解到一些人认为存在而其他人并未发现的问题。
- 测试自上而下的战略一致性。询问最顶层的人公司的愿景和战略是什么。然后调查这样的信念和想法在组织层级里到底渗透了多深、多远。你将会了解到前任领导者在推动愿景和战略向下传播方面所做的工作如何。
- 自下而上测试对于挑战和机遇的意识。从询问一线员工如何看待公司的挑战和机遇开始，然后从下往上调查，你将会了解顶层领导到底把组织的整体脉搏把握得有多好。
- 更新你的问题和假设。
- 与你的上司会面，讨论你的假设和发现。

第一个月末

- 召集你的团队，向他们反馈你的初步发现。你将会引出对你所做评估的肯定或是挑战，也将更多了解你的团队和团队的氛围。
- 现在从外向内分析关键交界面。你将会了解到外部人士（供应商、客户、分销商和其他人）如何看待你的组织及其优缺点。
- 分析几个关键流程。召集责任团队的代表来确定并评估你所选择的流程。你将会了解到生产力、质量和可靠性方面的信息。
- 与关键的综合人士会面。你将会了解在职能的交界面工作是如何开展的，有哪些问题是他们发现了但是其他人不以为然的。

寻找那些天然的“历史学家”，他们可以帮助你理解组织的历史、文化和政治环境，他们也可能成为你的同盟者或影响者。

- 更新你的问题和假设。
- 与你的上司再次会面，讨论你的观察结果。

获得帮助

加速学习的首要责任在于领导者本身。但是，其他很多参与者的支持可以让这个学习过程少一些痛苦。在帮助你加速学习方面，你的上司、同事甚至是直接下属都可以发挥很大作用。然而，要获得他们的帮助，你必须明确你到底想要做什么，而他们能提供怎样的帮助。尤其重要的是，你必须愿意开口去问、去请求，而不是觉得自己应当什么都懂，应当在进门的那一刻起就掌控全局。

在学习上取得支持对加入新组织的领导者来说尤为重要。这一点无论是对从外部聘用的人员（外部入职），还是在同一组织内部不同单位之间调动的人员（内部入职，正如之前所讨论的那样，困难程度是外部入职的约 70%）来说都是如此。在两种情况下，你都可能进入一个不同的文化环境，缺乏你在之前的角色里已经建立起来的政治网络。如果你的新组织有一个有效的入职制度，它将会帮助你理解组织文化，加速识别并与关键利益相关者建立联系。如果没有，就要寻求这一类的帮助。

小结

随着挖掘得越来越深，你的学习重点和策略将会不可避免地发生改变。随着你开始和自己的新上司互动来明确在哪里可以寻求早期的成功或建立支持性的同盟，获取更多的洞察力将会至关重要。所以要定期回头来看一看这一章的内容，重新评估你的学习目标，并建立新的学习计划。

加速学习——清单

1. 你对新组织的学习和了解效果如何？你有时候会受“必须行动”陷阱之害吗？还是会带着所谓的“正确”答案前来？如果是的话，怎样避免这种情况的发生？

2. 你的学习目标是什么？根据你现在已经了解的内容，制作一个问题清单来引导你进行早期的调查。如果你已经开始形成关于当前状况的假设，你的假设是什么？你将会如何检验这些假设呢？

3. 对于你想要回答的问题，谁更可能为你提供最有用的建议？

4. 你可以怎样提升学习效率？有哪些结构化的方法可以用来从你所投资的时间和精力里提取更多的洞察力？

5. 有哪些公开的支持来源可以帮助你加速学习进程？你可以怎样最好地利用它们？

6. 在获得了之前问题的答案之后，开始建立你的学习规划。

第三章　根据实际情境调整策略

如果说卡尔·列文擅长什么的话，那就是怎样在危机中进行管理。实际上，他最近才负责了全球食品（Global Foods）这家跨国消费品公司的欧洲生产运营业务快速且成功的“整顿转向”。但是，他并不确定同样的方法是否会在他的新角色上继续发挥作用。

作为一名出生在德国、进取心十足的管理人员，卡尔在欧洲行动果断，重组了所在组织。该组织之前因为过度关注于通过收购寻求增长，以及专注于国际层面的运营而排除了许多其他的机会。在一年内，卡尔将精力集中在最重要的生产支持部门，关闭了四家最低效的工厂，并将大量生产转移到了东欧。这些改变尽管过程很痛苦，但是在第 18 个月月末开始见到了成效，运营效率也有了显著提高。

但有时候，做好事反而“倒霉”。卡尔在欧洲的成功使得他被任命为总部在新泽西的公司核心业务北美运营供应链的执行副总裁。这份工作比之前要大得多，是将生产和战略采购、出厂物流和客户服务的整合。

和欧洲的情况相反，北美业务并未处在危机之中，而卡尔认为这正是问题的本质所在。组织长期以来的成功只是在最近显现出了下滑的迹象。上一年度，行业基准将公司的生产业绩在整体效率方面定为略低于平均水平，在客户对于准时交货的满意度这一重要领域上定为后三分之一的水平。这当然是份平庸的成绩单，但是似乎也没有到亟须“整顿转向”的地步。

同时，卡尔自己的评估表明，严重的问题正在发酵。公司沉溺于救火式的工作方式，管理者不是先前预防问题的发生，而是因为自己在危机中的良好反应而狂欢庆祝。卡尔认为重大失败的发生只是时间问题了。此外，高管们在做出重大决策时过于依赖直觉，而信息系统对于恰当的客观数据提供得又太少。在卡尔看来，这样的短板造成了组织里对于未来的一种广泛的、盲目的乐观。

要成功接管工作，你必须对于你所面临的状况有一个清晰的理解，认识到你需要做些什么，以及怎样去做。从一开始时，像卡尔这样的领导者就需要回答两个基本的问题。第一个问题是，我被召唤来主导的是什么样的改变？只有回答了这个问题你才能知道怎样让你的策略匹配具体的情境。第二个问题是，我是什么样的变革领导者？这个问题的答案暗示了你应该怎样调整你的领导风格。对于业务现状的细心诊断将会明确挑战、机遇和你可以使用的资源。

使用 STARS 模型

STARS 是领导者常常会发现自己身处其中的五个常见业务情

境的缩写词，这五种情境分别是："初创启动"（Start-up）"整顿转向"（Turnaround）"加速增长"（Accelerated growth）"重新组合"（Realignment）和"保持成功"（Sustaining success）。STARS模型分别概述了各种情境下的特点和挑战：开创企业，把企业拉回正轨，应对快速扩张，重新激发一个曾经领先但当前面临严重问题的企业，继承一家表现良好的组织并要把它提升到下一个层级。

在所有的STARS情境中，最终的目标都是一致的：一家成功且不断增长的企业。但是，其中的挑战和机遇（见表3–1的总结），根据你所经历的情境的不同有着可以预料的差别。

STARS五种情境的界定特征是什么呢？在"初创启动"阶段，你要负责配置各种功能（人员、资金和技术）来使一个新的业务、产品、项目或关系成功起步。这意味着你可以从一开始就通过招聘团队人员，在确定目标时发挥主要作用和建立起业务的架构来塑造这个组织。初创启动阶段的参与者很可能比面临失败、饱受困扰的团队中的成员更加兴奋和充满希望。但同时，启动阶段企业的员工也通常相对于那些处于"整顿转向"中的员工更为缺乏对于重点事务的集中关注，这是因为那些带来组织能量的愿景、战略、结构和制度还没有到位。

在"整顿转向"阶段，你接手的是一个大家都认为麻烦很大的单位或团体，你的工作是把他们拉回正轨。整顿转向是经典的"收拾烂摊子"，要求迅速和果断地行动。大部分人都认可需要做出巨大的改变，但是他们可能还处于混乱之中，而且对于需要做什么改变意见

表 3–1　STARS 模型

初创启动	整顿转向	加速增长	重新组合	保持成功
配置能力（人员、资金和技术），让一项业务或项目成功起步	拯救一项被普遍认为处于严重麻烦之中的业务或项目	管理快速扩张的业务	为之前成功、现在面临问题的组织重新带来活力	保持一家成功组织的生命力，并将它提升到下一等级
挑战 在没有明确框架或界限的情况下从头开始建立战略、结构和制度 招聘和糅和一个高绩效团队 用有限的资源办成事	为士气低落的员工和其他利益相关者重新带来活力 在时间压力下做出有效决策 在痛苦的削减和艰难的人事选择方面走得足够远	保证结构和制度到位，为扩展创造条件 帮助许多新员工融入	让员工相信改变是必需的 小心地重组顶层团队，使得组织能重新集中	在前任领导的影响下工作，管理他所建立的团队 在着手过多新项目之前做好防守工作 找到将业务提升到下一个等级的方法
机遇 你可以从一开始就以正确的方式行事 可能性让人们充满了活力 没有死板的偏见	每个人都认为改变是必需的 受到影响的盟友在外部提供了重要支持 小小的成功发挥长远的作用	获得增长的可能，给人们带来了驱动力 人们会想让自己和为他们工作的人都全力投入	组织拥有重要的优势集合 人们想要持续的成功	可能已经拥有一个强大的团队 人们有动力持续他们的成功历史 支持持续成功（例如长产品线）的基础可能已经存在

不一。整顿转向是一种需要先行动、再定目标（ready-fire-aim）的情形：你需要在严重缺乏信息的情况下做出艰难的选择，然后在学习了解的过程中不断调整。相反地，重新组合（以及维持成功的任务）更像是先定目标、再去行动的情形。帮助一个颓败的业务东山再起需要新领导者将它快速削减成一个可防御的核心，然后开始重建它。这是一个痛苦的过程，如果获得成功，业务将进入一个维持成功的情境；如果努力失败，结果往往就是业务关闭或转让。

在“加速增长”的情境下，组织已经开始稳步增长，扩大规模的工作这时候也要开始了。这通常意味着你要引入必需的结构、流程和制度以快速扩张业务（或项目、产品或关系）。你还可能要雇用和引入许多人员，并且保证他们能够融入让公司取得目前成功的文化。当然，其中的风险在于扩张得过大、过快。

初创启动、整顿转向和加速增长都需要大量资源密集型的建设工作。你并没有可以用作基础的现有基础设施或能力。在很大程度上，你要重新开始，或者就加速增长的情况而言，在一个强大的基础上开始建设。相反地，在重新组合和维持成功情境中，你进入的是一家拥有明显优势，同时对你“可以做什么，不可以做什么”有严格限制的组织。幸运的是，在这两种情境中，通常在你做出艰难的决定之前总会有一些缓冲时间，这是有益的。因为你必须学习很多关于组织文化和政治环境的知识，然后再开始建设支持性的同盟。

因为面对内部的自满、关键能力的腐蚀或者来自外部的挑战，成功的业务也会逐渐陷入麻烦。在“重新组合”阶段，你的挑战是要让某个正在陷入危险的单位、产品、流程或者项目重新焕发活力。乌云在地平线上聚集，但是风暴还未爆发——而且许多人可能还没有发现这些云层。最大的挑战往往是要创造一种紧迫感。可能很多人会拒绝相信，领导者必须打开人们的眼睛，让他们看到实际上存在的问题。这是卡尔在北美曾经面临的情境。这里的好消息是组织可能至少拥有一些重要优势的聚集，包括好的产品、客户关系、流程和人才。

在“维持成功”的情境下，你承担着保持组织成功的活力，并将它提升到下一等级的责任。这并不是说组织可以故步自封，满足于当前的成绩。而是说，你必须明白，是什么让业务取得了成功；并且带领它继续迎接不可避免的挑战，让它持续成长和繁荣。实际上，维持成功的关键常常在于连续不断地启动、加速和重组。

一个重要的启示是，角色转变期的成功在很大程度上取决于你以可预测的方式改造盛行的组织心理的能力。在“初创启动”阶段，盛行的情绪通常是一种兴奋的混乱，而你的任务就是要把能量传递到建设性的指导中去，这其中一部分工作是要决定“有所不为”。在“整顿转向”情境下，你要打交道的可能是一群接近绝望的人。你的任务是要为他们提供一个具体的计划，帮助他们往前走，并给予他们对于状况终将改善的信心。在“加速增长”情境中，你必须帮助大家理解自己的组织应当变得更加有规律，让他们在确定的流程和制度下工作。在重新组合时，你很可能要揭下拒绝相信的面纱，这张面纱使人们不能面对重建业务的需求。最后，在“保持成功”的情境下，你必须找到办法让大家保持动力、对抗自满，发现组织和个人新的增长方向。

如果你不了解这个组织曾经是怎样的状况，以及如何发展到了今天这一步，你不可能明白该把它带到哪里去。比如，在卡尔所处的重新组合情境下，了解为什么组织在过去获得成功而为什么现在又陷入了困境，是非常重要的。为了了解你所处的情境，你要像历史学家一样去研究。

但是如果主管的并不是大型的业务，你是不是还能用 STARS 模型来理解你所面临的挑战呢？当然可以。不管你位于组织的哪一层级，都可以应用它。你可以是一位接管处于启动阶段的公司的新首席执行官，你可以是管理一条新的生产线的一线监工、负责发布新产品的品牌经理、主管一款新产品开发项目的研发团队领导，或者负责实施一套新的企业软件系统的信息技术经理。所有这些情形都有初创启动阶段的共同特点。同样，整顿转向、加速增长、重新组合和维持成功的情境在大公司、小公司、各个层级都会出现。

诊断你的 STARS 组合

在现实生活中，你不太可能遇到一个单纯和标准的初创启动、整顿转向、加速增长、重新组合或维持成功情境。位于一个很高的层级时，你所处的情形可能比较对应某个类别。但是一旦你向下挖掘，你肯定会发现你在管理的是一个组合——产品、项目、流程、工厂或人的组合，这个组合代表了 STARS 多个情境的混合。比如，你要接管的组织可能有正在增量扩展的成功产品，同时内部的一个团队正在推出基于新技术的新产品线。或者你要去帮助一家拥有几个高业绩、尖端技术工厂的组织整顿转向。

下一步是要把STARS模型应用于诊断你的STARS组合。你要弄清楚你所在新组织的哪些部分属于五类情境中的哪一类。花一些时间，依照表3–2把你的新职责（例如产品、流程、项目、工厂和人）的各个部分分别与五种类别对照。在这种情况下，你将要怎样以差异化的方式管理这些职责呢？这个练习将帮助你系统思考每个部分的机遇和挑战，它会为你提供一个共同的语言。通过这种语言，你可以去和自己的上司、同事以及直接下属沟通你将做什么、为什么这么做。

表3–2　诊断你的STARS组合

STARS情境	工作要素	优先度比例（%）
初创启动		
整顿转向		
加速增长		
重新组合		
维持成功		
		100

使用表格来确定你正在面对的STARS情形情境组合。首先，确定你的新职责里的哪些要素（项目、流程、产品，甚至可能还包括完整的业务）符合第一列的各种STARS类型。其次，在第二列列出这些要素。你并不需要填满每一种类别。任何事务都可能处在整顿转向期，或者是两三种类别的混合。再次，用第三列来估计你在接下来的90天里应该分配给每个类别的精力所占百分比，要保证他们加起来等于100%。最后，思考你最想要应对的是哪一种情境。如果你为那种情境配给了最高的优先性，请保证你的偏好没有过度影响你的优先性选择。

引领改变

引领改变没有一刀切的办法，这也是为什么我们要清楚了解STARS混合体的原因。在STARS模式下，卡尔能够识别他将要进入的重新组合情境和他刚刚在欧洲成功管理的整顿转向情境的差别，他还对自己将要如何引领改变和自我管理有所洞察。如果卡尔将他所要面对的新情境视为整顿转向，尝试开展彻底的调查，他很可能同时招致主动和被动的抵制，破坏他实现所需改变的能力。由于他是一个外来者，还尤为容易受到孤立和削弱。而认识到北美运营部门需要的是什么后，卡尔采取了更为慎重的方法。

在对你的STARS组合以及关键挑战和机遇有所了解后，你要采用正确的策略来引领变革。这样做意味着采用这本书中关于你接下来的90天里如何创造良好势头的办法。具体来说，你必须建立起优先任务，明确战略意图，确定你能够取得早期胜利的领域，创建合适的领导团队，并创造支持你的同盟阵营。我们可以看一看卡尔在整顿转向和重新组合情境下采取了怎样的不同方法。

出发点当然是要关注学习。在欧洲的“整顿转向”情境下，卡尔需要快速评估组织的技术规模——战略、竞争者、产品、市场和技术，因而做了很多咨询师会做的工作。接过在北美的领导职务后，卡尔在学习方面遇到的挑战与之前显著不同。技术性工作的理解依然重要，但是文化和政治环境的学习更为关键。这是因为内部的社会动力常常导致成功的组织陷入麻烦，也因为让人们承认需要改变更多的是一个政治性挑战而不是一个技术性挑战。特别是对于像卡尔这样的新来者来说，对于组织文化和政治环境的深入了解是在领导岗位上获得成功，甚至是取得生存的先决条件。

同样，在卡尔建立事项优先级的同时，他还必须衡量当前情境的需求情况。欧洲的“整顿转向”需要的是根治性手术。业务的战略和组织结构使得它不能够完成自己的目标，因此必须快速改变。所以卡尔关闭了工厂，转移了生产，并且大力削减人员。他还快速集中了重要的制造功能部门，以减少分散性并降低成本。相反地，在北美的“重新组合”情境下，并不需要立即改革战略或结构；不存在重大的能力或生产力问题，所以不需要关闭工厂；制造部门也已经处于集中和强有力的状态。真正的问题在于制度、技能和文化。因此，卡尔才会选择关注这些领域。

情境因素对于卡尔在这两种情境下如何建立自己的领导团队也起到了重大作用。为了迅速整顿转向欧洲业务，卡尔从组织上层开始“大扫除”，从外部招聘了大部分的高级人才。但是在北美，他所继承的领导团队已经比较强大了。他意识到他仍然需要对人员名单做少许高回报的改变。几个制造中心岗位需要具有强大专业技能的领导者来帮助他实现计划中的制度变化，而当时有一个很有影响力的管理者，即使卡尔尽了最大的努力，他也没能抓住变化的需求。实际上，这位管理者的不作为有破坏卡尔领导力的威胁。这位人士的离职给组织里其他人发送了强烈的信号。同时，卡尔从内部提拔了员工来填补这个角色，这也使得他把组织的人力都集中起来为他的计划服务。人们会看到他不仅仅只是关注于业务的弱点，同样也在承认和肯定它的优势。

最后，卡尔做出了正确的判断，在两种情境下以不同的方式保障了早期的成功。在整顿转向情境中，领导者必须把员工拉出绝望的状态。卡尔在欧洲通过关闭境况不佳的工厂和转移生产做到了这一点，这样的行动使组织能够重新聚焦在核心优势上，减少不必要的项目和举措。同时，在重新组合情境下，卡尔最重要的早期胜利就是提升了员工对于“我们需要改变”的意识。他是通过更加强调事实和数据而做到了这一点。他修订了公司的制造和客户服务业绩度量方法，使员工的注意力聚焦在这些领域的关键弱点上。他还引入了外部的基准和来自有声望的咨询师的严格评估，利用公司外部公平的声音来帮助他开展工作。这些行动使他能够撕破公司内并无根据的乐观主义，向组织中的其他人传递重要信息。

表 3–3 总结了在整顿转向和重新组合情境下引领改变的关键不同点。

表 3–3　在整顿转向和重新组合情境下引领改变的对比

	整顿转向	重新组合
1. 组织学习 判断你最需要学习和了解的是什么，应该从谁那里学习，怎样才能最好地学习	关注于技术性的学习（战略、市场、技术等）。 做好快速行动的准备	关注于文化和政治环境的学习； 做好谨慎行动的准备

（续　表）

	整顿转向	重新组合
2. 明确战略意图 开发并传达一个具有吸引力的愿景，明确组织将来发展的方向。 概述为了实现这一愿景所需的清晰战略	调整非核心业务	打磨和利用现有能力； 激发创新
3. 建立 A 级优先事务 确定一些极其重要的目标，并不懈地追求它们。思考你想要在新岗位入职 1 年时取得的成绩	快速、大胆地行动； 关注于战略和结构	三思而行； 关注于系统、技能和文化
4. 建立领导团队 评估你所继承的团队。敏捷地行动以做出必要改变；找到引入外来人才和提拔内部人才的最优平衡	在最高层大扫除； 招聘外部人才	做出一些重要改变； 从内部提拔具有潜力的员工
5. 保障早期成功 彻底想清楚你想要怎样“出现”在新组织中。找到建立个人信誉的方法，并激活普通员工	将组织的心态从绝望转变为希望	将组织的心态从拒绝承认转变为意识到问题的存在
6. 创立支持性的同盟 明确组织实际是如何开展工作，以及哪些人拥有影响力。进行重要的结盟以支持你的举措	获得上司和其他利益相关者的支持，以投资必需的资源	与同事以及下属建立同盟，来保障更好的执行力

自我管理

你的组织所处的 STARS 情境也表明了你需要在自我管理方面做哪些调整。这在决定展现何种领导风格，以及弄清你会被认为是“英雄”还是“管家”时尤为重要。

在整顿转向情境下，领导者需要应对的往往是渴望希望、愿景和方向的员工，这就需要一种英雄式的领导风格——手持利剑，对抗敌人。在患难中，人们总是会追随英雄，听从命令。这其中要做的工作是快速诊断业务现状（市场、技术、产品和战略），并采取进取性的行动，将组织削减成为一个防御性的核心。你常常需要在不充分的信息条件下快速和果断地行动。

显然，这就是卡尔在欧洲遇到的情况。他立马接手，诊断了情况，明确了方向，并且做出了痛苦的决定。因为前景看起来一片惨淡，员工愿意根据他的指示来行动，并没有多大抗拒。

在“重新组合”情境下，领导者需要做的类似于一个好的管家或仆人——更加老练，更少的自我——此时的行动方法必须建立起需要改变的共识。一些更为微妙的影响技能开始起作用，熟练的管家对于他们所处组织的文化和政治环境有着深入的理解。和英雄相比，管家在决定要保留哪些人员、流程和资源，又要舍弃哪些方面更为耐心，也更有条理。他们会煞费苦心地通过推广诊断信息的共享、影响意见领袖和鼓励标杆管理而培育对于需要改变的意识。

在北美的职位上，卡尔需要学会克制自己的一些英雄主义倾向。

他必须小心评估，谨慎做出改变的行动，为可持续的成功奠定基础。处于角色转变期的领导者是不是能够成功将其领导策略适应实际情况，很大程度上取决于他是否能够遵循自我管理的几大支柱：增强自我意识，练习自律和建立互补性的团队。

因为必须履行的职责不同，英雄很容易在重新组合和保持成功情境下犯错，而管家又容易陷入“初创启动”和“整顿转向”的挣扎中。一个在“整顿转向”情境下经验丰富的人面对“重新组合”时可能会行动过快，导致不必要的抵制；一个重新组合经验丰富的人面对整顿转向时可能行动过慢，在不必要的培育共识上花费过多精力，浪费了宝贵的时间。

这并不是说天生的英雄不能唤醒自己体内隐藏的管家基因，反之亦然。好的领导者可以在STARS的五种情境下都取得成功，尽管没有人在每一项上都同等擅长。重要的是，你必须冷静评估你所拥有的哪些技能和倾向将会在你所处的特定情境中起到积极作用，哪些则会给你带来麻烦。如果你需要的是建立同盟，就不要那么急着准备战争。

你还要记住，领导力是一种团队竞技项目。你的STARS组合也暗示了你的领导团队中所需的英雄和管家的明确组合（每个组织都需要这两种人才）。卡尔在北美时更愿意做管家，但是他知道自己天生就是英雄式的领导，在英雄岗位上也发挥得更好。这样的自我意识有三重意义。第一，他需要在自己的团队中储备一些天生的管家型人才，必要时向他们寻求咨询（以免他轻率地做出反应），也可以向他们分配一些必要的外围任务。第二，他必须明确哪些情况下可以使用一些自己的英雄型能力。毕竟，每一个组织，就算是最成功的那些组织，也有处于严重问题中的部分。只要他没有到处放火去跟人对抗，或者危害重新组合业务的更大目标，这就是一种实现平衡的恰当方式。第三，卡尔需要在雇用、提拔和任命人员时考虑 STARS 偏好和能力。

奖励成功

STARS 框架对于你应该如何评价为你工作的员工，以及你想要创造的文化也有提示。《哈佛商业评论》的角色转变调查的数据可以帮助解释这个重要的观点。调查的参与者被问到他们认为哪一种 STARS 情境是最具挑战性的，以及哪一种情境是他们最想要面对的。调查结果在表 3–4 中进行了总结，这一结果很具有启发性。最具挑战性的情境被评估为重新组合，其次是维持成功和整顿重修。初创启动和加速增长被认为要容易很多。在选择偏好的问题上，答案排名颠倒，（目前为止）初创启动是最受欢迎的，然后是整顿转向和加速增长。

这样的结果并不令人意外，深层原因对我们有启迪作用。并不是说人们都趋向于简单容易的情境，而是他们都认为“最具挑战性的”情况更为有趣，而“最偏好的”情境能够获得更多认可。

表 3–4　STARS 挑战和偏好

STARS 情境	最具挑战性的	最偏好的
初创启动	13.5%	47.1%
整顿转向	21.9%	16.7%
加速增长	11.6%	16.1%
重新组合	30.3%	12.7%
维持成功	22.6%	7.4%
总计	100%	100%
初创启动、整顿转向或加速增长	47.1%	79.9%
重新组合或维持成功	52.9%	20.1%

调查对象被要求回答他们认为哪一个 STARS 情境是最具挑战性的，和哪一个是他们最偏好的（即如果可以的话会选择的对象）。他们的评价差异是显著的，特别是将更加行动导向、权威驱动的 STARS 情境（初创启动、整顿转向和加速增长）与更需要关注学习、思考和影响力的情境（重新组合和维持成功）的数字相比较的话。

成功的初创启动是一个显著的、容易衡量的个人成就，在整顿转向中的成功也是如此。但是，在重新组合情境下，成功是由阻止灾难发生的工作组成。因为成功意味着不发生什么事情，所以很难去衡量“重新组合”情境下的成功，这就好像是一条不会吠叫的狗。而且，在“重新组合”阶段的成功需要费力地建立起需要改变的意识，这常常就意味着将成功附加给整个团队而不是你自己。至于维持成功的奖励，人们很少会给当地的电力公司打电话说，“谢谢你们今天让我们的灯继续亮着。”但只要停电了，批评声就立马响了起来。

在大力奖赏成功整顿颓败业务（或者开创令人兴奋的企业）的人方面有一个内在的悖论。很少有潜力巨大的领导者对于重新组合的任务感兴趣，他们更喜欢整顿转向（以及初创启动）所带来的行动和认可。所以到底由谁来负责预防业务陷入需要整顿转向的境地呢？而且，公司奖赏整顿转向（但不知道如何奖赏重新组合）的事实难道不会让公司更可能陷入危机中吗？老练的管理者似乎可以指望不够出色的人来搞乱业务然后他们再出来营救。

当然，一个更为一般性的观点是，不同的 STARS 情境中的表现应该以不同的方式来评价和奖励。接管初创启动和整顿转向工作的人士表现是最容易评价的，因为你有一个清晰的优先基准，可以将可衡量的成果对照比较。

评价“重新组合”和“维持成功”情境下的成与败就要麻烦得多了。在“重新组合”情境下的表现可能比预期要好，但是仍然很糟。或者情况会是看起来似乎没什么大事发生，因为已经避免了危机。“维持成功”的情境也有类似的问题。成功的表现也许是在竞争者一致攻击的情况下只失去了一小部分的市场份额，或者是竭力维持住了一个成熟业务中的几个百分点的高位增长。在“重新组合”和“维持成功”情境中未知的因素是，如果采取了其他的行动，或者如果其他人来负责这项事务会出现怎样的情况，也就是“跟什么相比较”的问题。衡量这种情境下的成功需要更多的工作，因为为了评价他们对策的充分性，你必须深入理解新领导者面临的挑战和他们所采取的行动。

小结

你对于STARS组合的理解随着你对自己的新组织了解得更多会逐渐深入和转变。请定期回顾这一章节，以重新评估你对组织的评估，并思考需要做什么和由谁来做的问题。

根据实际情境调整策略清单

1. 你所继承到的是怎样的STARS组合？你在初创启动、整顿转向、加速增长、重新组合和维持成功模式中的责任比例如何？

2. 你可能会遭遇的挑战和机遇对你以及对你要加速转变角色所采取的方法有何启示？

3. 对你的学习目标有何启示？你只需要了解业务的技术性方面，还是说理解文化和政治环境也很重要？

4. 你所在组织盛行的风气是怎样的？你需要做出怎样的心理转变，以及你将会怎样行动？

5. 面对你所处的情境，你将怎样最好地引领改变？

6. 在新情境中你的哪些技能和优势最可能具有价值，哪些则可能让你陷入麻烦？

7. 对于你需要建立的团队有什么启示？

第四章　通过沟通取得成功

当迈克尔·陈被提拔为一家中等规模的石油公司关键业务单位的首席信息官时，他非常兴奋，直到他接到了两位同事的电话。这两人都告诉他同一件事："快点更新你的简历（准备跳槽）吧。凯茨会把你生吞活剥的。"

他的新上司沃恩·凯茨是一位进取心十足的领导者，以要求结果和对人严苛而著称。她最近接管了这个单位，之前在单位的几个人现在已经离开了。

迈克尔的朋友们预见到了这个问题。其中一个说："你已经取得了很多成功。但是凯茨还是会认为你不够有闯劲儿。你是一个规划者和团队建设者，她会认为你动作太慢，不能应对艰难的决策。"

接受了朋友们的预先警告，迈克尔和沃恩交了底，以赢得时间来诊断和规划。他对她表示："我想在 90 天的时间框架里运作，前 30 天用来熟悉掌握情况。然后我会给你一份细致的评估报告和计划，列出我在接下来 60 天的目标和行动。"迈克尔定期向她汇报自己的工作进展。三周后接到她的任务去敦促一项重点系统采购工作，迈克尔也还是坚持着自己的时间表。在最后30天，他交出了一份让自己的上司满意的计划。

一个月之后，迈克尔回来汇报一些早期的成绩，并且请沃恩帮忙做更多的民意调查来推进一个重点项目。她对他进行了严苛的质问，但是他熟练掌控着自己的业务情况。最终她同意了迈克尔的要求，但是对取得成果的期限做了严格的规定。具备了想要的条件，迈克尔很快就能够汇报他已经完成了一些中期目标。

在良好的开局之下，迈克尔在他们的下一次会面中提到了风格的问题："我们有不同的风格，但是我可以为你做事，我希望你能够根据我的成果评价我，而不是我怎样取得这些成果的。"尽管前后花费了将近一年的时间，但是迈克尔在他与沃恩之间建立起了一种牢固的、具有建设性的工作关系。

像迈克尔这样成功与新上司建立关系，通过洽谈和沟通去争取成功是非常明智的。预先对这样重要的关系投入时间是值得的，因为你的新上司设定你的评价基准，将你的行动阐释给其他重要参与者，并且控制着你所需要的资源。他比其他任何人都更能够影响你何时能够达到损益平衡点，以及你最终的成败与否。

通过沟通争取成功意味着主动和你的上司交流，去"塑造游戏"，这样的话你可以拥有一个达成所需目标的奋斗机会。很多新领导只顾着去行动，被动地接受工作，最后惨遭失败。你可以做的是通过与上司的沟通了解对方的期望值，达成共识，并争取充分的资源。

通过与沃恩有效的沟通，迈克尔为他的成功奠定了基础。

请记住，你与上司关系的性质应该基于你在组织内的级别和你所面临的业务情境。你所处的层级越高，你可能拥有的自主权越大，在你和你的上司位于不同地点时尤为如此。在你得到了获取成功所需资源的情况下，缺少监督可能是一件好事；但是如果你给自己找了足够多的、致自己于不利之地的麻烦，这也可能是一件坏事。

不同的 STARS 业务情境下，你需要从上司那里取得的支持也不尽相同。在“初创启动”情境下，你需要的是资源，甚至还可能是来自更高层级的干预性保护。在“整顿转向”情境下，你可能需要来自上级的推动力，以快速削减业务，改造成一个易于防御的核心工程。当你要“加速增长”的时候，关键是保障恰当级别的投资。如果你处于“重新组合”的情境下，你可能需要上司帮助你进行改变的工作。在“维持成功”情境下，你则需要上司帮助你了解业务、避免发生威胁公司利益的早期错误。

你可以做许多工作来建立起和上司之间的建设性工作关系，而且你的努力应该从公司考虑让你担任新的职务时就开始。在你参加面试、被选中和正式开始新工作的过程中，一直要记住这个任务。

这一章将为你展现如何和你的新上司开展正确的对话。即使你在新工作中还会继续向以前的上司汇报也请阅读它。你和上司的关系可能并不会保持原样，上司对你的期望会不同，你可能需要更多的资源。许多管理者错误地认为尽管他们所处的岗位不同了，还可以继续用同样的方式和当前的上司一起工作——不要犯这个错误。

还要想一想你可以怎样运用这一章节中的观点来加速建立你和你新直接下属之间的关系。毕竟，他们是不是能够尽快地达到损益平衡点对你来说不是也有着重要的利害关系吗？

沟通的基本注意事项

你怎样才能和新上司建立建设性的关系呢？以下是一些基本的注意事项。我们从“不该做的”事项开始。

- **不要离上司太远。**如果你的上司不主动来接触你，或者你和他的互动让人难受，你需要主动地去接触他。不这样的话，就可能造成严重的隔阂。定期地与上司交流，要确信你的上司知道你所面临的问题，你也知道他的期望，特别是它们是不是发生了改变以及怎样改变的。
- **不要让坏消息吓到你的上司。**给你的上司带来坏消息不是什么好玩儿的事情。但是，更多的上司会将没有及时地汇报正在产生的问题当作是更大的罪过，最糟糕的状况是让你的上司从其他人那里了解到问题的存在。通常最好的方式是一旦你意识到一个问题正在发生，至少要给你的上司一些警告信息。
- **不要只是带着问题去找你的上司。**也就是说，你不会想被当作一个除了给上司提出问题、其他什么都做不成的人，你还需要有关于如何继续开展工作的计划。这并不是说你必须提出完全成熟的解决方案：提出解决方案所需花费的时间和精力很容易就把你拉到了一条可能惊吓到上司的坎坷之路上。这里的关键是要思考如何应对问题——就算只是在收集更多的信息——并且思考你的角色和你所需要的帮助（这一点在与直接下属打交道的时候也很有用。对下属说“不要把问题拿给我，我要的是解决方案”是很危险的，“我需要的不仅仅是问题，还有我们应该怎样应对它们的方案”要好得多）。

- **不要汇报流水账。**这是很多资深领导者中依然存在的趋势，就是把和上司会面的机会用来汇报自己的工作清单，一一表明自己都做了什么。有时候这样做是可以的，但是这往往不是你的上司需要或者想要听到的。你应当假定他想要关注的是你在做的最重要的事情，以及他可以怎样为你提供帮助。在前去和上司交流之前，准备好至多三件你真正想要分享或者需要行动的事情。
- **不要期望你的上司会改变。**你和你的新上司可能有不同的工作风格。你们可能以不同的方式沟通，以不同的方式激发动力，在监督你们的直接下属时也偏好不同的细节等级。但是适应你上司的风格是你的责任，你要调整自己的方式来与上司的偏好相协调。

还有一些基本的“该做的”事项。遵循这些事项会让你的工作更为轻松。

- **提早并经常明确期望。**在考虑接受一个新角色之初，你就要管理期望值。这就是在面试过程中关注期望值的问题。如果你知道业务中存在严重的结构性问题，而你的上司还期望你快速解决问题，你就会遇到麻烦。把坏消息早早摆上台面，降低不现实的期望才是明智的做法。然后定期核实，保证上司对你的期望没有发生改变。如果你是从外部新入职，对于所在组织的文化和政治环境没有深入的理解，再次确认期望值的工作尤为重要。
- **为建立良好的关系承担 100% 的责任。**不要指望你的上司来接触你或者主动为你提供时间和支持。最好的办法是一开始就假定建立良好的关系完全是你自己的责任。如果你的上司中途主动来找你，那当然是一份惊喜。
- **沟通诊断和行动计划的时间期限。**不要让自己即刻就被卷入救火行动，或是在没准备好之前就被要求去采取行动。为自己赢得一些时间来诊断新组织的问题并且想出行动计划，就算是几个星期也好。在迈克尔与沃恩的相处中这个方法发挥了作用，你的工作中也是如此。本章末尾讨论的 90 天计划是一个非常好的工具。
- **在上司认为重要的领域追求早期的成功。**不管你自己的优先事项是什么，要弄清楚你的上司最关注什么，他的优先工作和目标是什么，而你的行动又可以怎样适应这个局面呢？一旦你弄清楚了，就针对这些领域去追求早期的成果。一个很好的方式是关注对于你上司来说最重要的三件事，在每次你们互动的时候都与他讨论这些事情。这样的话，你的上司可以感受到对你成功的参与感。

- **从你的上司尊敬的人那里获得好的评价。**你的新上司对你的看法，一部分基于他和你的直接互动，一部分会来自他从自己信任的人那里听来的关于你的评价。你的上司和现在是你的同事，甚至是你的下属的人之间存在着在你到来之前已经建立起的关系。你并不需要巴结讨好那些你的上司信任的人，只要留意那些关于你的信息和观点传达到上司那里的多个渠道。

明白了这些基本的规则，你就可以开始规划如何与你的新上司进行沟通了。

计划与新上司的五轮对话

你与新上司的关系会通过一场持续的对话建立。你们的讨论将会在你接受这个新岗位之前开始，持续到你进入角色转变期和这之后的阶段。在这场对话中有几个基本的主题。实际上，在你的 90 天计划中纳入针对角色转变期相关的主题与新上司的五轮专门对话是很有意义的。

- **关于情境诊断的对话。**在这轮对话中，你力图理解你的新上司如何看待你所继承的 STARS 组合。是否存在初创启动、整顿转向、加速增长、重新组合和保持成功的要素？组织是怎样到达这一步的？哪些要素使这个情境成为一个挑战？你可以使用组织内的哪些资源？你的观点可能会与上司不同，但是掌握他是如何认识这一情境的非常重要。

- **关于期望的对话。**你在这轮对话中的目标是要理解并沟通期望值的问题。你的新上司希望你在短期和中期做到什么样？成功会由什么组成？关键是你的表现将怎样被衡量？在何时衡量？你可能会认为上司的期望不切实际，你需要尝试重新设定它们。同时，作为保障你早期成功的更广阔活动的一部分，下一章也会进行讨论。你要记住，做更少的承诺而交付更多的表现会是更好的方式。
- **关于资源的对话。**这轮对话本质上是针对重要资源的沟通。你需要哪些资源和条件来取得成功？你需要你的上司做些什么？这里的资源不应局限于资金或人员。比如，在“重新组合”的情境下，你可能需要你的上司帮助你说服组织去面对改变的需求。这里的关键是要让你的上司关注到在不同的资源条件下，你可以取得的成绩、花费的成本。
- **关于风格的对话。**这轮对话是关于你和你的上司怎样才能最好地持续开展互动。他偏好什么类型的沟通方式？面对面、语音、电子邮件？频率如何？哪些决策他希望你先咨询他再做出，哪些情况下你可以自己负责？你们的风格有怎样的不同？这对你们互动的方式有什么启示？

- **关于个人发展的对话。**当你在新岗位上工作几个月之后，你可以开始讨论你的工作进行得怎么样，以及你的发展要务应该是什么了。你在哪些方面表现得不错，哪些方面还不够，或者需要换种方式？（在不牺牲重点的情况下）是否有一些项目或者专门的任务可以由你去完成？

在实践中，关于这些主题的对话会重叠并随着时间不断演变。你可能会在一次会面中谈到这五个问题中的几个，或者你可能会通过一系列的简短交流讨论与一个主题相关的问题。在一次会议中迈克尔谈到了风格和期望的问题，然后建立了一个讨论情境和更深入讨论期望的时间表。

但是，之前的描述中提到这些主题的顺序是有其逻辑的。你早期的对话应该关注于情境的诊断、期望值和风格。在你了解了更多之后，你就做好了沟通资源、重新审视对于情境的诊断以及如果必要的话重设期望值的准备。当你感受到这份关系已经得以良好建立时，你可以引入个人发展的对话。花时间来计划每一次对话，并且向你的上司发送明确的信号，表明你希望在每一次的交流中取得何种成果。

表 4–1 可以用来估量你在每轮对话中所处的位置，以及接下来 30 天的优先工作应该是什么。如果你处在新岗位面试的过程中，可以使用它来捕捉你所了解到的信息，并确定对话的重点。

表 4–1 五轮对话

对话	当前状态	未来 30 天的优先工作
情境：你的上司如何看待你的 STARS 组合？		
期望值：你的上司期待你取得什么样的成绩？		
资源：你手头有哪些资源可以使用？		
风格：你们怎样才能更好地合作？		
个人发展：哪些方面表现不错？哪些方面需要改变？		

使用下面的具体指南来规划与上司的五轮谈话中的下一步。

制订关于情境对话的计划

你在情境诊断对话中的目标是要达成关于你们所面临的业务情境，及其相关的挑战和机遇的共识。这样的共识是你未来要做一切工作的基础。如果你没有和你的上司达成共识，你将得不到需要的支持。因此，你们的第一次讨论应该聚焦在使用 STARS 模型作为共同语言，清楚地确定你的新情境（正如我之后要讨论的，这一点也适用于你自己的团队）。

根据实际情境争取支持。你需要从上司那里获得的支持根据你的 STARS 情境组合的不同而不同，是初创启动、整顿转向、加速增长、重新组合、维持成功或者某种混合体。一旦你们达成了对于情境的一致认识，就要仔细思考你需要上司扮演的角色和你所需要的支持。在所有的五种情境中，你都需要上司给予你指导、支持和开展工作的空间。表 4–2 列出了你的上司在 STARS 的每一种情境中可能扮演的角色。

表 4–2　根据实际情境配制支持

情境	上司的典型角色
初创启动	帮助快速获得所需资源： • 清晰、可衡量的目标 • 在战略关键点上的指导 • 帮助下属保持专注
整顿转向	与初创启动相同，再加上： • 在艰难的人员决定上提供支持 • 在改变或修正外部形象上提供支持 • 帮助深入、快速地削减
加速增长	与初创启动相同，再加上： • 对获取投资以保证以恰当方式获得合适速度的增长提供支持 • 帮助建立新制度和新结构
重新组合	与初创启动相同，再加上： • 帮助做出改变，特别当你是外来者的时候
保持成功	与初创启动相同，再加上： • 持续的现实检验——这是一个“维持成功”的情境，还是“重新组合”的情境？ • 为良好的防御和避免伤害业务的失误提供支持 • 帮助找到方法，将业务带到下一个台阶

制订关于期望对话的计划

关于期望值的对话的意义在于让你和上司一起明确并匹配关于未来的期望。你们需要就短期、中期目标和时机达成一致。重要的是，你要就上司将会如何衡量进展达成一致。对你的上司和你来说，成功由什么构成？你的上司期待什么时候看到成果？你将怎样衡量成功？用怎样的时间框架衡量？如果你取得了成功，接下来怎么办？如果你不对期望值进行管理，它们会对你造成伤害。

根据实际情境调整期望值

让你的期望值与你们对于情境的共同评价紧密匹配。比如，在“整顿转向”情境下，你和上司很可能都认为需要快速果断采取行动。你们会对不远的将来有明确期望，比如做艰难的决定、减少非重要领域的成本，或者集中关注拥有最高利润的产品。在这样的情境下，你很可能会根据业务的整体财务业绩上的好转来衡量成功。

对你的上司来说，在重要的领域追求初步的成功

不管你自己的优先事项是什么，准确地找到你的上司最关注的领域，并且寻求这些领域的初步成功。如果你想要成功，你就需要上司的帮助；反过来，你就必须帮助他成功。当你关注上司的优先事项的时候，他会感受到对你成功的参与感。最有效的办法就是整合上司的目标与你自己的努力，来争取初步的成功。如果这是不可能完成的

任务，那就追求单纯基于你上司的优先事项的初步成功。

确定不宜触碰的事务

如果组织内有一些部分，比如产品、设备和人员，是你新上司"专有的"，必须尽快地确定它们。你不会希望自己正在努力关闭上司当初开启的那条生产线，或者要替换某个上司忠诚同盟阵营里的人员。所以要尝试推断上司的敏感点在哪里。你可以通过了解上司的个人历史，和其他人交谈，密切关注面部表情、语气和身体语言等做到这一点。如果你还不确定，轻柔地散播一个观点作为测试用的烟雾弹，然后密切关注所引发的反应。

教育你的上司

你的当务之急之一是要塑造上司关于你能够和应该实现什么的观点。你可能会认为他的期望不现实，或者和你自己关于应该做什么的观点不一致。如果这样的话，你必须努力使自己的观点向他靠拢。在"重新组合"的情境下，你的上司可能把最严重的问题归咎于业务的某个部分，而你认为真正的问题在其他地方。这时，你需要教育你的上司，让他明白根本问题所在，以重置他的期望值。小心行事，特别是当你的上司已经陷入事情一直以来开展的方式或者应该对一部分问题负责的时候。

少些许诺，多些成果

不管你和你的上司是否就期望值达成了一致意见，你都要尝试让你自己偏向于少做关于成绩的许诺，而交付出更多的成果。这种策略有利于建立你的个人信誉。好好考虑你所在组织的改变能力将会怎样影响你实现所做出许诺的能力。

做出许诺时要保守。如果你完成得比许诺更多，你的上司会很高兴。但是如果你许诺得太多，却没能全部实现，你就可能会伤害自己的信誉。就算你实际上取得了很多成绩，在你的上司眼里你也是失败的。

确认，确认，确认

就算你确定你知道上司的期望值，也应该定期地确认。有些上司知道他们想要什么，却不擅长表达出来。你肯定不希望已经走上了错路才获得澄清。所以你必须不断地询问，直到你确认自己完全理解了。比如，可以尝试以不同的方式询问同样的问题来获得更多的提示。练习准确地领悟言外之意，并且提出关于你的上司可能想要什么的假设。尝试站在上司的角度换位思考，理解上司的上司将会怎么评价他。弄清楚你自己可以怎样在这个更广的范围里发挥作用。最重要的是，不要让关键问题处于模糊不清的状态。目标和期望的模棱两可是非常危险的。关于之前的对话中到底针对期望值说了什么内容的争执，如果没有结果，不会被报告到你这里，而会被你的上司知道。

制订关于资源对话的计划

关于资源的对话是一场和上司之间关于重要资源的持续性沟通。在你开启这轮对话之前，你必须和你的上司就你们的 STARS 组合以及相关的目标和期望达成一致。现在你必须保障为了达成这些期望所需的资源。

你需要什么资源取决于你所面对的情境。

- 在“初创启动”情境下，你最迫切的需求可能是充足的财务资源、技术支持以及具有合适专业技能的人员。
- 在“整顿转向”情境下，你需要政治支持下的权威来做出艰难的决定，保障稀缺的财务和人力资源。
- 在“加速增长”情境下，你需要实现增长所必需的投资，以及保证必要制度和结构到位的支持。
- 在“重新组合”情境下，你需要一致的公众支持，来让组织面对改变的需求。理想情况下，你的上司会和你肩并肩，帮助你突破组织内拒绝承认和自满的情绪。
- 在“维持成功”情境下，你需要财务和技术资源来维持核心业务，并开拓具有希望的新机遇。你还需要定期的推动力来制定挑战性的目标，不让你们陷入自满的情绪之中。

第一步要确定为了成功你必须取得哪些资源，无论是有形的还是无形的。确认当下已经可用的资源，比如经验丰富的员工或即将发布的新产品。然后确认你需要他人帮助获取的资源。问一问自己，“我到底需要我的上司帮我做什么？”你越快地表达清楚你需要什么资源，就越快能够提出这些要求。

最好的办法是尽早地、尽可能多地把问题摆上台面。尝试用清单式的办法：展示出不同等级资源投入的成本和收益。“如果你想要我的销售额明年增长 7%，我需要获得 ×× 美元的投资。”“如果你想要 10% 的增长，我需要 ×× 美元的投资。”总是不停地去要更多的投资肯定会让你失去信誉。如果需要花更多的时间才能掌握你要达成特定目标所需要的资源，那就这样做吧。迈克尔就通过沟通争取到了必要的时间——这也是一项重要资源——来避免这个问题的发生。

参与还是改变游戏

你可能会通过已有的规则参与游戏而达成目标。如果你可以在现有的文化和政治规范下排兵布阵，你对资源的需求将会是意料之中的，你也会发现获得自己所需资源要更容易一些。

在其他的情境下，尤其是重新组合和整顿转向时，你可能需要改变甚至抛弃已有的业务开展方式。这时你的资源要求可能会更为彻底和全面，如果不能保障它们，后果可能更具破坏性。你必须更努力地去沟通，才能获得需要的东西。这些情况需要你清楚，自己所有的情境、期望和资源必须能够让你有足够的实力和把握冲击成功。在你和上司讨论之前先理清自己的需求，用尽可能多的硬数据支持你的选择，并且做好准备解释为什么你认为某些资源是必不可少的。然后坚持立场，不断检查；谋求他人的帮助；在组织内部和外部寻求同盟者。用力过度也比慢慢流血而死要好。

沟通资源

在追求资源投入时，你要记住这些有效沟通的原则。

- **关注于根本利益。**尽可能地深入调查，以了解你的上司以及任何你需要在获取资源上请求帮助的人的工作目标和动机，思考这对他们来说有什么利益。
- **寻求互利共赢的交易。**寻找那些既能够支持你的上司的工作又能够推动你自己业务的资源。寻找那些能够推动你同事们的工作、反过来又能帮到你的方法。
- **将资源与成果联系起来。**强调如果在你的单位投入更多资源将会取得的业绩收益。建立一份之前描述过的菜单，列出在当前资源条件下你所能取得（和不能取得）的成绩，以及不同规模的投资增加将会带来哪些效果。

制订关于工作风格对话的计划

人们在工作风格上的偏好影响了他们学习、交流、影响他人和做出决策的方式。在进行关于工作风格的对话时，你的目标是要确定你和你的上司怎样才能够最好地、持续地合作。这也是迈克尔在建立他和沃恩的关系时所面临的最大挑战。即使你的上司永远不会成为你的亲密伙伴或者导师，你理解需要做什么工作来建立一种建设性的工作关系也是非常重要的。

确定你上司的风格

第一步是要确定你新上司的工作风格，并弄清楚它与你自己的风格是否一致。如果你给他留言，说明了一个紧急的问题，但是他没有快速回复，反而事后责怪你没有警告他问题的存在，那么你要记住：你的上司并不使用这种沟通方式！

你的上司喜欢怎样的沟通方式？频率如何？他希望参与到哪些决策之中，而什么时候你又可以自己做决定？你的上司会早早来到办公室然后工作到很晚吗？他是否也期望其他人也这样做？

准确地找到你们的风格存在差异的地方，并且评估这些差异意味着你们将要如何互动。假设你偏好通过与知识丰富的人交谈来了解情况，而你的上司更加依赖于阅读和分析硬数据，这样的风格差异可能会造成什么误解和问题？你可以怎样避免它们？或者假设你的新上司趋向于微观管理，而你喜欢大量的自主独立，你可以做什么来缓解这样的压力？

与之前和你的上司一起工作过的人交谈可能会对你有所帮助。当然，你必须明智而审慎地进行这项行动。不要让自己被认为是想要激发对上司领导风格的批评。要选择那些顾虑较少的问题，比如上司喜欢怎样的沟通方式。聆听他人的视角，但是仍然主要基于你自己的经历制定策略。

同时还要观察你的上司是怎样和其他人打交道的。是否存在一致性？如果不是，为什么？上司是否有所偏好？他是不是特别倾向于微观管理某些事务？他是否因为不可接受的表现严厉惩罚了一些人？

量出你“盒子”的规模

你的上司对自己在决策中的参与有一个舒适区。将这个区域当作你将会运作的决策“盒子”的界限。有哪些决策是他希望你自己做出但需向他汇报的？比如，你是否可以自由做出关键的人事决策？他何时希望你在决策之前向他咨询？是在你的行动触及了政策的更广事务时吗？比如，准许人员请假，或是当存在与你主管的一些项目相关的热点政治事务时？他什么时候想要自己做决策？

最初，你要做好被限制在一个相对小的盒子里的准备。随着你的上司对你的信任逐渐增加，盒子的空间会扩大。如果没有，或者它仍然太小而使你不能发挥效力，你可能需要直接地应对这个问题。

适应你上司的风格

假定与你的上司之间建立一种积极的关系是你 100% 的责任，那么简而言之，这意味着你要适应他的风格。如果你的上司讨厌语音信息，那就不要给他发语音。如果他想要知道你工作的具体细节，那就和他进行充分的交流。当然，你不应该做任何可能危害你获得出色业绩的事情，但是要寻求缓和你们关系的日常方式。和你的上司一起工作过的其他人可以告诉你什么方式比较有效。然后你可以明智而审慎地实验那些在你的情况里似乎最有希望成功的技巧。当有所疑虑的时候，就去询问你的上司他希望你怎样来开展工作。

把困难的问题摆在台面上

当巨大的风格差异出现时，最好的办法是直接面对它们。不这样做，你的上司可能会将风格的差异理解成对他的不尊重甚至是你的无能。

在它成为愤怒的来源之前就把问题提出来，并且和你的上司交谈，讨论怎样调节你们的风格。这次谈话能够帮助铺平道路，让你们双方都能更好地追求自己的目标。这也是迈克尔所做的，尽管他在应对问题之前先明智地等待了信誉的建立。

一个行之有效的策略是将你们早期的谈话关注在目标和结果上，而不是你实现它们的方法上。你可以只是说你预料到你们两人处理某些事务的方式存在差异，但是你决心努力实现你们两人达成一致的成果。这样的一种声明能够让你的上司对于差异有所准备。你可能需要定期地提醒你的上司，关注你正在取得的成果而不是你的方法。

与你的上司信任的人讨论风格问题也会有所帮助。这样的人可以在你直接向上司提出之前为你带来一些启发。如果你找到了合适的顾问，他甚至可能帮助你提出某个困难的问题。

不要尝试在一次对话里解决所有的风格问题。不过，一场针对风格问题的早期对话是起步的正确选择。随着你们关系的发展，做好持续地关注和适应你上司风格的准备。

制订关于个人发展对话的计划

当你与上司的关系成熟了一些（90 天大致是一个好的标准）之后，可以开始讨论你做得怎么样了。这不需要是一个正式的表现评估，但是应该是一个关于事情进展如何的公开讨论。哪些方面你做得不错，哪些方面又需要有所改变？为了更好地开展工作，你还需要发展哪些技能？你的领导能力中有没有哪些弱点你需要解决？有没有一些你可以（在不牺牲重点任务的情况下）参与的项目或专门任务能够帮助你增强技能？

当你在经历关键的职业生涯通道时，这一点尤为重要。如果你是第一次做管理者，那么要早早养成向你的上司请求反馈和帮助以发展你的管理技能的习惯。

不管你是第一次担任管理者的管理者、部门领导、总经理还是首席执行官，这样的原则都同样适用。当你身处职业生涯的节点中，取得成功就需要一套不同的技能和态度，要训练自己愿意向走在你前面的人学习。

不要将你的关注点局限在硬性技能上。你升得越高，重要的文化和政治判断、沟通、建立联盟和争端管理方面的软技能就会变得越重要。正式的培训能够帮助你，但是在项目团队中、在组织的新部门中、在不同的职能部门中、在不同的地点承担发展性的任务中，对于打磨这些关键管理技能是必不可少的。

与多位上司一起工作

如果你不止有一位（直接或直系）上司，你在管理期望值方面会面临着更为艰巨的挑战。同样的原则虽还适用，但是重点有所改变。如果你有多位上司，你必须小心地平衡他们之间感知的得与失。如果某位上司明显拥有更多的权力，那么你在早期偏向他的方向就是有意义的，只要你之后在最大程度上能修复平衡。如果你不能通过和你的上司一对一的工作而取得共识，你必须促使他们一起坐到桌前来解决问题。不这样做的话，你就会被打击得体无完肤。你应该针对每一位上司完成一个版本的表4–1，紧密观察他们对于情境、期望和资源的观点在何处汇聚、又在何处分歧。还要关注他们的风格差异，并相应地适应。

在远处工作

当在距离你的上司遥远的地方开展管理工作时，你面临的是一系列不同的挑战。这种情况下，在没有意识到之前就步伐错乱的风险更高。这使得你更加自律地开展沟通、安排通话和会议以保证你们达成一致的责任更加重大了。建立清晰和全面的权衡也变得更加关键，这样你的上司就能够对于正在开展的工作有一个合理的概念，你也可以更有效地进行例外管理。

如果人力可及的话，你应当尽早地与你的上司进行一次或多次的现场会议。在早期开展面对面的联系，着手建立信心和信任的基础十分重要（如果你正在领导一个虚拟团队，这一点也同样适用）。所以如果为争取资源你需要飞过半个地球的话，你也应该这样去做。

同样，还要思考如何让你和上司的沟通挤出时间。你的上司很可能非常忙碌，而且收到来自更多人的诸多要求。确认你上司可能没有被完全占据的空闲时间，比如，在他去往或离开办公室的途中。

融会贯通：沟通你的 90 天计划

无论你即将进入哪一种情境，创立一个 90 天计划并获得上司的支持都是有益的。通常你会在接手新工作几个星期之后能够想出这个计划，这时你已经开始与组织之间互相连通，并了解了“地形”“地势”。

你的 90 天计划应该形成书面文稿，就算它只是包括一些要点。计划应该明确优先工作、目标以及时间表。重要的是，你应该与你的上司分享，并且寻求他对计划的支持。它应当作为你们之间关于你将如何使用你的时间的一种“合同”，讲清楚你将会做什么和不做什么。

开始草拟计划时，将 90 天分成以 30 天为单位的 3 个时间段。在每个时间段末尾，你将和你的上司一起召开工作总结会（当然，你们可能更为频繁地互动）。你应当在第一个 30 天致力于学习和建立个人信誉。像迈克尔那样，你应当针对这一个早期学习阶段进行沟通，然后尝试让你的上司同意这个协议。之后你可以继续为自己开发一个学习目标和学习计划。为自己设立每周的目标，并且制定个人的每周评估和计划纪律。

在第一个 30 天结束时你的重要成果会是对于情境的诊断、对于重点要务的确定，以及对于你在接下来 30 天如何行动的计划。这个计划应当提出你将在哪些领域怎样追求早期的成功。你和上司的工作总结应当关注于情境和期望值、着眼于达成关于情境的共识、对于期望的澄清，以及对于下一个 30 天计划的支持。继续每周的评估和计划纪律。

在 60 天的节点，你的工作总结应当关注于评估之前 30 天计划目标的进展。你们还应讨论在接下来的 30 天（也就是到 90 天时）将要实现什么目标。根据组织的情境和你在组织的级别，你在这个节点的目标可能包括：确定实现重点举措的必要资源、充实你对战略和结构的最初评估，以及展现对于你的团队的一些早期评估。

计划与你团队的五轮对话

你不仅仅只是有了一个新上司，你还会成为一个新上司，几乎可以肯定你会有一些新的下属。就像你需要与你的新上司建立一个建设性的关系，你的下属们也需要和你一起有效地开展工作。在过去，你是否很好地帮助你的下属渡过了他们的角色转变期？这次你会有什么不一样的行动？

思考如何将这一章节中的建议应用于与你自己的直接下属的工作中。角色转变期的黄金准则就是，以你希望自己得以过渡的方式帮助他们顺利过渡（参见“角色转变期黄金准则”文本框）。同样的五轮对话能够帮助你建立起与自己的下属间的建设性关系。即刻将这一框架介绍给他们，并且安排与他们每一个人的第一轮对话，来讨论情境和你对他们期望的问题。让他们在会面之前做一些前期工作，比如阅读根据实际情境配制策略的章节。看一看你在帮助加速他们的角色转变方面表现如何。

角色转变期黄金准则

思考你想要新上司怎样帮助你过渡到新角色中。理想情况下，他们会给你怎样的指导和支持？然后想一想你会怎样与你的新下属打交道。你会给予他们怎样的指导和支持？

现在把这些评估并列放置。你是否像你自己希望接受的过渡方式一样帮助了他人过渡？如果在你希望别人对待你的方式和你对待新下属的方式之间有着明显的不一致，那么你自己就是问题的一部分。

帮助直接下属加速角色转变不仅仅需要你做一名良好的管理者，而且需要你为他人的发展做出贡献。你的直接下属转变越快，他们也能够更好地帮助你达到你的目标。

使用表 4–3 来跟踪你与每一位下属之间进行重要对话时所处的

位置。

表 4–3　你和团队之间的五轮对话

团队成员	情境	期望	资源	风格	个人发展

将你的团队成员列在第一栏里。然后评估你在与每个人的五轮对话中所处的位置。圈出你的优先工作项目。

小结

通过沟通取得成功清单

1. 你在过去和新上司之间的关系建立得如何？在哪些方面你做得不错？哪些方面还需要改进？

2. 制订关于情境的对话计划。根据你现在所了解的信息，你在与上司的对话中会提出哪些问题？有什么是你想提先声明的？你想以怎样的顺序提出问题？

3. 制订关于期望的对话计划。你将怎样弄清楚上司期望你做什么？

4. 制订关于风格的对话计划。你怎样想出和上司工作的最佳办法？他偏好哪一种沟通模式？你们互动的频率应该多高？你应该提供多少细节信息？哪些事务你在决定之前应当咨询他？

5. 制订关于资源的对话计划。对于你要做的事情，必需的资源有哪些？在资源更少的情况下，你需要放弃什么？如果你拥有更多资源，会有什么效益？务必做好业务案例。

6. 制订关于个人发展的对话计划。你的优势是什么？哪些方面你还需要改善？哪些任务或项目可以帮助你开发你所需要的技能？

7. 你可以怎样运用五轮对话的框架来加速你的团队的发展？在与你的每一位直接下属进行重点对话方面，你的工作开展得如何？

第五章　保障早期成功

当埃琳娜·李被提拔为一家顶尖零售商的客户服务主管时，她的任务是要改善下滑的客户满意度。她同时还下定决心要改变她的前任的独裁式领导文化。在晋升之前，埃琳娜在同一组织负责表现最好的呼叫中心，所以她了解很多其他单位在服务质量方面面临的问题。深信自己能够通过让更多的员工参与显著改善业绩，她将文化变革作为第一要务。

埃琳娜首先将她的目标传达给了她之前的同事，即现在的直接下属——负责公司全球各呼叫中心的领导们。在一系列的团队通话和一对一会议中，她布局了自己的质量提升目标和愿景，即要建立一种更具参与性、能够解决问题的文化。这些早期的提议并未产生太大反应。

接下来，她发起了与每一个呼叫中心经理的周例会，来检查单位表现，讨论他们应该怎样工作以实现改善。埃琳娜强调“惩罚文化已经过时了”，而且她希望经理能够指导员工。她表示，包括重要的纪律措施在内的案例，应该（临时）直接向她提出以供检查。

慢慢地，埃琳娜了解到了哪些经理已经跟上了项目的步伐，而哪些还是继续着惩罚式管理。然后她进行了正式的绩效评估，将两名最差者纳入了表现改进计划。其中一名选择了立刻离职，她从自己之前的运营中心中选择了一名极具潜力的员工替换了他的位置。尽管花了一些时间，但另外一名经理逐渐也交出了可以接受的成绩单。

同时，埃琳娜关注了业务的关键方面：对于客户满意度的评估和服务质量的提升。她任命自己最好的单位领导者带领一个有前途的一线管理者团队，并且交给他们任务，要引入新的度量方法和支持性的绩效反馈，并改进流程。她还请一名咨询师来为管理者们提供建议，指导他们如何从事这一项目。她会定期检查他们的进展。当团队提出建议的时候，她迅速地将它们以试点的方式应用在之前离职的管理者监督的那个单位。

在新岗位第一年结束的时候，埃琳娜已经将她的新方法推广到了整个组织中。客户服务显著改进，调查也显示员工士气和满意度有了显著进步。

埃琳娜通过早期的成功迅速形成良好势头，在建立个人威信方面取得了良好成绩[1]。在最初几个月末尾，你希望你的上司、同事和下属感受到新的风气，而且是好事正在发生。早期的成功可以让人们兴奋起来，充满活力，并且建立起你个人的威信。完成得好的话，它们能够帮助你更早地为你所在的新组织创造价值，并且更快地达到损益平衡点。

波浪式进攻

一项针对角色转变期高管的开创性研究发现，他们如图 5–1 中所示的那样[2]，以显著的波段为期计划和实施改变。在早期的集中学习之后，这些领导者开始了早期的一波改变。然后步伐又放缓，来进行巩固和获取对组织更深入的了解，并且让人们喘口气。具备了更多的洞察之后，这些高管实施了更深入的一波改变。最后没那么极端的一波改变关注于细微调整，以获得业绩的最大化。到这时，大部分的领导者都已经准备好继续前进了。

这一研究对于应当如何管理自己的角色转变期有着直接的提示。它指出，在制订计划以保障早期成功时，你应当明确记住自己的目的。角色转变期会持续几个月，但是你通常会在同一个职务上待上 2 至 4 年的时间然后转换到下一个。你的早期成功应当在最大可能的程度上推动长期目标的实现。

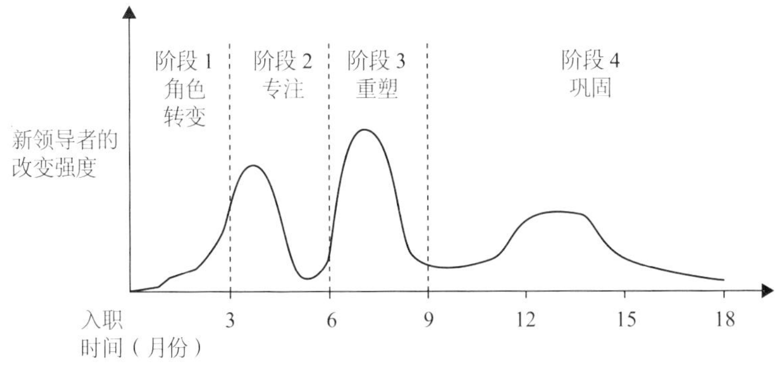

图 5–1 一波波改变

制订你的波浪计划。在规划你的角色转变期（及之后阶段）时，集中做出一波波的连续改变。每一波改变应包含明显的阶段：学习、设计改变、建立支持、实施改变，以及观察结果。以这样的方式思考能够让你在早期空出时间学习和准备，之后能巩固和为下一波做好准备。但是，如果你持续处于发起改变的状态中，就不可能弄清什么在起作用，而什么没有起作用。无止境的改变绝对会让你的员工精疲力尽。

第一波改变的目的就是要保障早期的成功。新领导者制订早期的计划，以建立个人的信誉，构建重要关系，并确定及达成容易实现的目标——组织业绩中最有望短期改善的机遇。做得好的话，这个策略能够帮助新领导者建立良好的势头，并深化他的个人学习。

第二波改变通常针对更根本性的战略、结构、制度和技能问题，来重塑这个组织，实现组织绩效中更深入的改进。但是如果你没有能够在第一波中保障早期的成功，你就没法来到这个位置。

从目标开始

处于角色转变期的领导者总是急于行动，这是可以理解的。但是，他们趋向于关注那些最容易快速解决的问题。在一定程度上，这个策略是很好的。但是不要掉进“容易摘取的果实”的陷阱。如果领导者将大部分精力投入追求那些对实现长期业务目标无益的早期胜利中，就会陷入这样的陷阱，这就像是想要仅仅通过一个非常庞大的第一阶段把火箭发射到轨道中去。这样的话，最初的势头消逝后你重新掉回地球的风险是很大的。这给我们的提示是：当你决定去什么地方追求早期成功的时候，你可能必须放弃一些容易摘取的果实，而要追求那些挂在高高树上的果实。

当你努力创造良好势头的时候，要记住你的早期成功必须有双重用途：它们应当帮助你在短期内建立良好势头，还应为追求长期业务目标奠定基础。所以你务必保障早期成功的规划在最大程度上与你们共同认定的目标、也就是你的上司和重要利益相关者都希望你实现的目标相协同，并且帮助你引入了达成这些目标所需的行为模式。

关注业务重点

与你的上司以及其他重要利益相关方达成共识，是你正在通过可衡量的具体业务目标而不断努力到达的目的地。这样的例子包括两位数的年度利润增长、缺陷和返工的显著减少，或者一个在共同认可的截止时间前完成的重点项目。对于埃琳娜来说，她的头号要务就是在客户满意度上取得重大进步。

明确并支持行为改变

你们共同认定的目标是目的地，但是你所在组织的人才是你能否到达那里的关键。换句话说，如果你想要在规定期限内完成目标，你必须改变功能失调的行为模式。

首先要明确不需要的行为。比如，埃琳娜想要减少她所在组织的恐惧和无力感。其次，就像埃琳娜所做的那样，制订一个清晰的愿景，说明你希望员工在你的任期结束时能有怎样的表现，并且规划你追求早期成功的行动将会如何推动这个进程。员工总是表现出的哪些行为破坏了获得高绩效的潜力？表 5–1 中列出了一些有问题的行为模式，然后总结你想要改变的行为。

表 5–1　有问题的行为模式

缺乏	症状
专注	• 团队不能明确工作优先顺序，或者有太多优先工作 • 资源太分散，导致高频率的危机和救火行动。员工因为他们的灭火能力而不是解决方案而受奖
纪律	• 员工的表现等级变化很大 • 员工不理解不一致性的负面影响 • 员工在没能履行承诺时会找借口
创新	• 团队使用内部基准来衡量表现 • 产品和流程上的改进是缓慢和渐进的 • 员工因为保持业绩稳定而不是挑战极限而受奖
团队合作	• 团队成员互相竞争，保护自己的地盘而不是一起工作来达成共同的目标 • 员工因为建立了自己的地盘而受到奖励
紧迫感	• 团队成员忽视了外部和内部客户的需求 • 自满情绪盛行，存在着这样的想法：“我们一直都是最好的”以及“我们是不是立即做出了反应并不重要，不会有什么不一样”

保障早期成功的基本原则

获得早期成功非常关键，但是用恰当的方式保障它们也很重要。

首先，你当然想要避免早期的失利，因为一旦你逆流而上，就很难恢复过来了。以下是一些需要考虑的基本原则。

- **关注少部分有希望成功的机遇。**人们很容易在角色转变期去做过多的事情，结果又一败涂地。你不能指望角色转变期内在好几个领域里实现成果。你需要确定最有希望成功的机遇，然后不懈努力，把精力集中在将这些机遇转化为成功上。将它视作风险管理：在足够多的重点工作上进行努力以保证自己取得一个显著的成功，但是重点又不要太多，以免你的努力过于分散。
- **争取那些上司在意的成功。**取得能够为你的直接下属和其他员工带来动力的早期成功当然重要。但是，你的上司如何看待你的成绩也非常关键。即使你并不完全认同他的优先工作，但是你在思考要去争取哪些早期成功的时候还是要把它们放在中心位置考虑。解决上司在意的问题将会对你建立信誉和获取资源有着长远的作用。
- **以恰当的方式取得成功。**如果你被认为使用操纵性、卑鄙或不一致的手段取得了骄人的成绩，你就会有麻烦了。如果埃琳娜通过惩罚性的管理取得了关键的早期成功，这会危害她想要实现的更大目标。如果你获取早期成功的方式是你希望引入新组织的行为样板，那么你会获得一个双赢的结果。
- **考虑你的 STARS 组合。**在不同的 STARS 情境下，早期成功的组成部分差异很大。在“重新组合”阶段，仅仅是让员工来谈论所在组织和它的挑战就已经是一个很大的成就，但是在“整顿转向”情境下这只是浪费时间。所以认真思考在你的组合中的每个部分，什么会创造最好的势头，是表达出愿意聆听和学习的意愿，还是推动业务问题的快速果断决定?

- **调整以适应文化**。在一些组织中，成功必须是可以看见的个人成就。在其他组织中，个人对于荣誉的追求，被认为是哗众取宠和对团队精神的破坏。在团队导向的组织里，早期成功出现的形式可能是领导了一个开发新产品创意的团队或者被认为在更广阔的领域里做出了坚实贡献的员工，或者善于团队合作的人。你务必要明确所在组织中什么被视为成功，而什么不是，特别是当你从外部入职一家新组织的时候。

明确你的早期成功

根据你对于行为改变目标的理解，可以明确自己将在哪些领域追求早期成功。你可以思考自己在两个阶段需要做什么工作：在大约前 30 天的时间里建立个人信誉；在之后的时间里决定发起哪些项目来实现早期业绩提升（具体的时间段当然应依据实际情况而定）。

理解你的“名声”

当你初来乍到的时候，员工会很快开始评估你和你的能力。在某种程度上，这样的评估会基于他们认为自己已经“了解”的你的东西。人们肯定已经去找过那些和你一起工作过的人了。所以不管你喜不喜欢，你都会带着一个“名声”开始你的新角色，不管这个“名声”到底是不是名副其实。当然，这其中的风险就是你的“名声”可能会成为现实，因为人们倾向于关注那些确认他们想法的信息，而筛除那些不符合他们想法的信息——这就是所谓的确认偏向[3]。这对你的提示是，要弄清楚大家希望你扮演什么样的角色，然后做出明确的决定，是要加强这些期望还是挫败它们。

就埃琳娜的情况而言，领导之前的同事是一个比较特殊的案例，因为组织中的员工以前就认识她，但是认识的是在一个不同的、更低岗位上的她。她所面临的风险是其他人会期望她在新职位上还是跟以前一样。所以她的任务是要找到办法，改变人们对于她的看法。“领导之前的同事”文本框中总结了领导之前的同事所面临的更广泛的挑战。

领导之前的同事

为了应对从同事变为上司的经典挑战，你需要采用以下原则：

- **接受关系必须改变的事实**。晋升的一个遗憾代价就是与前任同事的个人关系可能会减弱。紧密的个人关系与有效的监督关系很少能够兼容。
- **尽早关注过渡仪式**。最初几天的工作更多的是关于象征意义而不是实质内容的工作。所以对于过渡仪式的关注能够帮助你建立起你的新角色——比如，让你的新上司将你介绍给你的团队成员，并且传递指挥棒。

- **重新征募你的前任（好）同事**。每一个获得晋升的领导者背后，都有一些野心勃勃但是没有得到这个职位的人。所以你要明白，这些失望的竞争者会经历调整的阶段。你要关注并找出谁可以继续为你工作，而谁不行。
- **巧妙建立你的权威**。你必须在过于或者欠缺自我表达的刀锋边缘行走。处理重大事务的时候可以采用先咨询、再决策的方法，直到前任同事习惯了去执行，当然只要你的决策并不草率。
- **关注对业务有益的内容**。从你的任命被宣布的那一刻开始，一些前任同事就会紧张地想要看清楚你会不会厚此薄彼或者牺牲他们的利益去追求政治目的。一个解决办法就是不懈地、有原则地聚焦于开展对业务有益的工作。

建立威信

在新岗位的头几个星期，你不能指望对业绩产生重大的影响，但是你可能获取一些小型的胜利，并且发出信号——事情正在改变。将这一点视为通过建立个人威信保障早期成功的努力。

你的威信，或者威信的缺乏，将会取决于他人如何回答关于你的以下问题：

- 你是否拥有做出艰难决定的洞察力和稳定性？
- 你是否拥有他们有关联、钦佩并且想要效仿的价值观？
- 你是否拥有合适的能力？
- 你是否对自己和他人都要求高等级的表现？

不论好坏，他们会基于极少的信息开始形成对你的观点。你的早期行动，不论优劣，都会塑造这些观点。关于你的观点一旦开始定型就难以改变，而且观点形成的过程发生得非常迅速。

所以你应该怎样建立个人威信呢？在某种程度上，你要有效地营销自己，类似于在一个品牌内建立起公信力。你希望他人将你与具有吸引力的能力、态度和价值观相联系。关于怎样去做，并没有唯一的答案。但是一般来说，当新领导者展现出了以下这些特点时，会被认为更可靠：

- **要求很高但是能够感到满意。**有效的领导者让员工做出现实的承诺，然后让他们为实现承诺负责。但是如果你永远都不感到满意，你会打击他人的积极性。你要明白什么时候应该庆祝胜利，什么时候可以要求更多。
- **容易接近但是不会过于熟稔。**容易接近并不是说什么时候、什么情况下都能找到你。这意味着平易近人，但仍然是以一种保留权威性的方式。

- **果断而明智。**新领导者可以通过快速做出一些影响不大的决策传达他们的领导能力，而不会太急切地处理那些他们还没有准备好的事情。在角色转变早期，你想要展现出决断力，但是要延后一些决定，直到你知道如何恰当地开展工作。
- **专注而灵活。**不要因为展现出一个死板且不愿意考虑多种解决方案的形象而建立起恶性循环并且疏远他人。有效的新领导者不仅专注于事务也咨询他人，鼓励不同意见而建立起自己的权威。他们还知道何时可以通过员工的灵活性来让他们以自己的方式获得成果。
- **积极主动而又不混乱。**在建立良好势头和压垮你的团队之间有一条清晰的界线。推动工作的开展，但是不要把员工推到筋疲力尽的边缘。学会关注压力等级，并且为自己和他人带来良好的节奏。
- **愿意做出艰难的选择而又很人性化。**你可能需要马上做出艰难的选择，包括解雇那些低效的员工。有效的新领导者开展必需的工作，但是会以一种保护他人尊严、在他人看来公平的方式进行。请记住大家观察的不仅是你做了什么，而且观察你是怎样去做的。

制订调动参与计划

你早期的行动会对于他人对你的看法有重要的影响，所以你要想清楚在新岗位的前几天将要怎样与你的组织发生联系；你想要传达关于你是谁和作为领导者你代表着什么的信息；传达这些信息的最好方式有哪些。

确定你的重点对象——直接下属、其他员工、重点外部支持者——然后为每一类人定制一些信息。这些信息并不一定传达你计划去做的事情，因为这个阶段这样的信息还并不成熟。它们应该关注于你是谁、你代表的价值和目标、你的风格以及你计划如何开展业务。

还要思考互动的模式：你将会怎么介绍你自己？你和直接下属的第一次会面应该是一对一还是集体性的？这些会议是非正式的“认识你”环节，还是直接关注于业务问题和评估？你还会使用哪些渠道，比如电子邮件和视频，来更广泛地介绍你自己？你会在组织中拥有设备的其他地点召开早期会议吗？

随着你在建立联系方面不断取得进展，明确且尽早采取行动移除微小但是顽固的刺激物就显得很有必要。关注紧张的外部关系，并开始修复它们；削减过剩的会议，缩短过长的会议；改善物理工作空间的问题，所有这些都能够在早期帮助你建立个人信誉。

最后，请记住，有效的学习能够帮助建立个人信誉。这样你就不会被认为带着自己对这个组织中存在问题的固有看法而来，或是已经对这些问题有了你认为“正确”的答案。早期关注学习和了解可以向组织释放信号，表明你理解这一组织拥有自己独特的文化和环境。当然，还很重要的一点是你要展现出你具有快速学习的能力，而不是像对于某位总统的评价那样，“你的学习曲线和堪萨斯州一样平”[4]。此外，还要关注什么时候可以从聚焦学习转移到聚焦决策和行动上。

书写你自己的故事

你在头几个星期的行动不可避免地会产生重要的影响，因为他们既有实质内容，又有象征意义。早期行动通常会转化为各种故事，这些故事会将你定位成一位英雄或者一个恶人。你有没有花时间非正式地把你自己介绍给支持团队的人，或者你只是关注于了你的上司、同事和直接下属呢？像这样简单的行动能够把你塑造成平易近人或者是难以接近的形象。你怎样把自己介绍给整个组织、怎样对待支持人员、怎么处理小矛盾，这些碎片化的行为都可能成为广泛传播的故事核心。

为了将关于你的传说往积极的方向推动，寻找并且利用可以用来教育员工的机会。这些行动，比如埃琳娜处理顽固管理者的方式，清楚地表明了你在意什么，也展示了你所鼓励的行为模范。你并不需要特别声明或者现身说法。它们可以是简单又实际的，比如问出一个能够凝聚你的团队对于所面临的关键挑战理解的深刻问题。

发起早期成功项目

建立个人信誉和发展重要关系能够帮助你获得快速的成功。但是很快，你就需要能够快速、切实地提升业绩的机遇。最佳候选是那些你可以用最小的耗费快速应对，又能够产生明显的运营和财务效益的问题。这样的例子包括限制了生产力的瓶颈，以及因为引发冲突而破坏了影响力的激励项目。

最多确定3个或4个关键领域，在这些领域你要追求实现快速的改进。使用表5–2中的早期成功评估工具来衡量潜力。但记住，如果你想要着手的事情太多，就可能有失去重点的风险。所以要考虑进行风险管理：建立一个早期成功举措的且有希望的投资组合，这样一项工作的巨大成功将会平衡掉其他项目中的失望；然后持续关注所要取得的成果。

表5–2　早期成功评估工具

这一工具帮助你评估候选重点工作获取早期成功的潜力。每一个候选重点填写一份表格，认真回答评估问题。然后累计所有评估问题得分，将结果作为潜力值的一个大致指标。

早期成功候选 ____

对于以下的每一个问题，圈出潜力的最佳描述。

	完全没有	很小程度上	某种程度上	很大程度上	非常大程度上
这一重点工作是否提供了一个在你的单位取得业绩显著提升的体会?	0	1	2	3	4
在比较有限的时间里用当下可用的资源是否能够实现提升?	0	1	2	3	4
取得成功是否能为实现共同认可的业务目标奠定基础?	0	1	2	3	4
实现这一成功的流程是否能够帮助你对于组织内的行为进行必需的改变?	0	1	2	3	4

累计圈出的数字，填写于此处：__________

结果会在0至16之间，你可以使用这个大致的衡量值来比较每一个候选重点工作的吸引力。按常识来理解这些数字。比如，如果候选者在第一个问题中得分为0，那么其他的所有问题得分都为4也没有意义。

为了建立保障早期成功的平台，确保你的学习目标包括了怎样改进业绩机遇的内容。然后将你的目标转化为具体的保障早期成功的项目，并应用以下的指导方针：

- **记住你的长期目标。**你的行动应该在最大程度上支持你的业务目标，并且促进行为改变。
- **确定少部分有成功希望的重点工作。**这里的重点工作指的是一些领域或流程（比如对于埃琳娜来说的客户服务流程），在这些工作上取得的进步能够显著加强组织的整体运营或业绩。对于少部分重点工作的集中关注将帮助你减少实现切实成效所需的时间和精力。而且，在这些领域改善业绩的早期成功将为你赢得追求更广泛变革的自由和空间。
- **发起早期成功的项目。**将你的早期成功举措作为项目来管理，目标定位于你选择的重点工作。这也是埃琳娜在新岗位上任命一个团队去改善客户服务时采取的方法。
- **提拔变革的代理人。**在你的新单位中的各个层级确定哪些员工有洞察力和动力来推进你的目标。提拔他们或者任命他们负责关键项目，就像埃琳娜所做的那样。
- **利用早期成功项目的机会引入新的行为。**你的早期成功项目应该发挥模范作用，展现你希望你的组织、单位或团体在未来怎样发挥作用。埃琳娜很好地理解了这一点，她请一名咨询师帮助团队应用合适的方法来开展项目，这样他们能够知道什么是最好的方式。

使用表 5–3 中的项目计划模版来规划项目，使之产生最大的影响。

表 5–3 雾灯（FOGLAMP）项目清单

雾灯（FOGLAMP）是重点（Focus）、监督（Oversight）、目标（Goals）、领导（Leadership）、能力（Abilities）、方法（Means）和流程（Process）的英文首字母缩写词。这一工具能够帮助你穿透迷雾，规划你的重点项目。为你设立的每一项早期成功项目填写一份表格。

项目：________________________

问题	回答
重点：这个项目的重点是什么？例如，你想要实现什么目标或早期成功？	
监督：你将怎样监督这个项目？还有谁将参与监督，帮助你获得实施成功方面的支持？	
目标：实现它们的目标、当下的时间表和时间框架如何？	
领导：如果有的话，谁将领导这个项目？他们需要什么样的培训来成功领导？	
能力：需要包含怎样的技能和代表性？哪些人因为具备相关技能需要参与其中？哪些人因为代表重要的支持团体需要参与其中？	
方法：团队还需要哪些额外资源，比如便利，来推动成功？	
流程：有没有你想要团队使用的改变模型或结构化流程？如果有，他们将怎样熟悉这一方法？	

引领变革

在你寻求获取早期成功的领域时，还要思考你将怎样为所在组织带来改变。请记住，没有唯一的引领改变的最佳方法，最好的办法要根据实际情况而定。比如，在“整顿转向”情境下发挥作用的方法，因为那种情景下已经有了紧迫感，所以要对可能性保持开放的态度，针对 STARS 情境组合的不同部分，采取不同的方式引领变革。

计划与学习

一旦你确定了自己需要应对的最重要的问题或事务，下一步就是要决定应该引入计划好的改变还是集体的学习[5]。

当你确定你拥有以下关键的支持性条件时，直接实施会在改变工作上发挥良好的作用：

- **意识**。大部分人意识到了改变的必要性。
- **诊断**。你知道需要改变什么，为什么需要改变。
- **愿景**。你有一个具有说服力的愿景，以及一个坚实的战略。
- **计划**。你有制订出具体计划的专业知识。
- **支持**。你有充足的得力同盟来支持你的实施。

这种方法通常在“整顿转向”情境下发挥作用。比如，当人们都接受问题的存在，解决方法更具有技术性而不是文化性或政治性，以及大家急切地想要解决方法的情况。

如果缺少以上五个条件中的任何一个，单纯地用计划方法来改变可能会带来麻烦。如果你处于重新组合情境中，大家都拒绝承认需要改变，他们很可能会用无情的沉默或者主动的抵制来迎接你的计划。这里你首先要做的是建立起改变的意识。或者你要加重对于问题的诊断，建立一个令人信服的愿景和战略，开发一个坚实的跨部门实施方案，或创立一个支持改变的联盟。

为了实现其中任意一个目标，你都最好关注于设立一个集体学习流程，而不是开发和实施改变计划。如果组织中的许多人都故意对正在发生的问题视而不见，那么你必须设立一个流程来揭开这块儿面纱。你应该采用类似游击战的方式，慢慢地削弱人们的抵抗，提高他们改变的意识，而不是对组织的防御系统发起正面攻击。

你可以让重点员工去接触新的业务运营和思考方式，比如关于客户满意度和竞价发行的新数据；或者你可以用一流组织做参照基准，让团队去分析你们最强大的竞争者表现如何；你还可以说服员工去想象新的办事方式，比如，安排一次场外会议来集思广益，讨论改善当前流程的关键目标和方法。

这里的关键是要弄清楚改变过程中的哪些部分通过计划可以最好地解决，哪些部分通过集体学习能够更好地应对。想一想你想要在新组织中做出的一个改变。利用图 5–2 中的诊断流程图来弄清哪些地方计划和学习流程能够对你的成功产生重要作用。

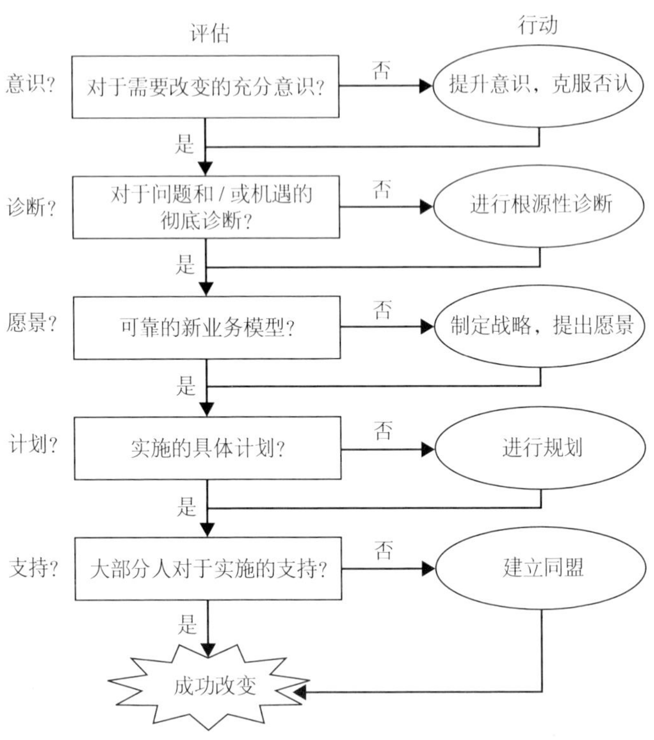

图 5-2　管理变革的诊断性框架

开始改变行为

在你计划争取早期成功的时候，记住使用的手段和取得的结果一样重要。为了争取早期成功，你推出的举措必须通过建立新的行为标准发挥双重用途。埃琳娜通过细心地安排员工，培训项目团队，然后快速实施他们的建议而做到了这一点。

要改变你的组织，你需要改变它的文化，这是一项艰难的事业。

你的组织可能有一些你想要打破的根深蒂固的坏习惯。但是我们知道，一个人想在任何显著的程度上改变习惯性的模式都是非常困难的，更不用说面对的是一群相互影响的人的集合。

简单毁灭现有文化然后重建并不是明智的选择。人们以及组织，对于一次能够吸收的改变是有一定限度的。任何组织文化无不有其精华和糟粕，它们提供了可预测性，也是它们自豪感的来源。如果你发出了现有组织及其文化一无是处的信息，你会使人们在变化之中失去了稳定性，也会使自己失去了一个可以转变为业绩改善的潜在能量来源。

问题的关键在于找到现有文化中的精华与糟粕。在你尝试抛弃糟粕的同时，也要提升和赞美精华。熟悉的文化中能够发挥功能的部分可以是一座桥梁，将人们从过去带到未来。

根据实际情境调整策略

行为改变方法的选择应该是你的团队结构、流程、技能以及最重要的——情境的功能。再次思考“整顿转向”和“重新组合”情境的差异。一方面，在“整顿转向”情境下，你面对的是时间压力、快速确定和保障业务的防御性核心的联合任务。通常，从外部引入信任和建立项目团队来从事专门的业绩提升工作会是良好的方案。另一方面，在“重新组合”情境下，你最好采用不那么明显的行为改变方法。例如，你可以通过改变业绩衡量方法和开启基准比较，建立起一个共同平台来创立重组业务的愿景。

避免可预料的意外

最后，如果你没有关注于找到“定时炸弹”并且防止它们在你面前爆炸的话，你所有保障早期成功的努力都会以失败告终。如果它们爆炸了，你的重点就会即刻转向持续的救火行动，你系统性建立基业和创造良好势头的希望也将离你远去。

一些意外事件的确会突然发生。如果这些事件发生，你必须咬紧牙关，尽可能做出最好的危机应对策略。但是更多的情况是，新领导者们往往是被预料之中的意外打乱了手脚。在这些情况中，你拥有辨认和排除定时炸弹的一切所需信息，却最终没能做到。[6]

这通常是因为新领导者关注错了地方或者问错了问题。就像之前所提到的，我们对于喜欢处理的问题、想要避免的问题和认为自己不能处理的问题都有所偏好。但是你必须控制自己，要么自己去深入挖掘那些你并不喜欢的领域，要么找到具有所需专长的可靠的人去做。

预料之中的意外发生的另外一个原因是组织的不同部分持有拼图的不同碎片，但是没有人把它们放在一起。每个组织都有自己的信息孤岛。如果你没有建立流程，保证关键信息浮出水面且得到整合，那么你就有可能会遭遇预料之中的意外。

用以下的一套问题来确定意外可能潜伏的领域：

- **外部环境**。公众舆论、政府行为或经济状况上的趋势可能会给你的单位带来严重问题吗？这样的例子包括政府政策改变，变得对于竞争者更有利，或者对你们的价格或成本有不利影响；公众舆论对于使用你们产品相关的卫生和安全考虑的转变；一个发展中国家正在发生的经济危机。

- **客户、市场、竞争者和战略。**你所在组织竞争环境的发展是否会带来严峻的挑战？这样的例子包括研究指出你们的产品劣于某个竞争者的产品；出现成本更低的替代品的新竞争者；价格战。
- **内部能力。**你所在组织的流程、技能和能力是否存在可能引发危机的潜在问题？这样的例子包括预料之外的重要人员流失；重点工厂的重大质量问题；产品召回。
- **组织政治。**你是否有不知不觉踩到政治地雷的危险？这样的例子包括你的组织中有一些人是不能碰的，但是你并不知情；你没能察觉某位重要同事暗中破坏你的工作。

在你计划如何保障早期成功的时候，记住你的首要目标：建立一个良性循环，能够强化想要的行为，并且有利于帮助你实现所在组织共同认定的目标。记住你想要的是细微但是重要的早期进步，这样你才能够去追求更为根本的改变。

小结

保障早期成功清单

1. 根据你的一致业务目标，在你的角色转变期内需要做些什么来创造实现这些目标的良好势头？

2. 人员需要怎样改变行为以实现这些目标？用尽可能生动的方式描述你所鼓励和反对的行为。

3. 你计划怎样建立自己与所在组织之间的联系？谁是你的重点观众？你想要向他们传递怎样的信息？互动的最佳模式是什么？

4. 哪些重点工作是最有希望取得早期业绩改善并且开始行为改变流程的？

5. 你需要启动哪些项目？谁将领导这些项目？

6. 有哪些可能使你偏离轨道的预料之中的意外？

第六章　保持组织内部的一致性

汉娜·杰菲是一名备受尊敬的人力资源咨询师，她被一家公司聘来担任公司人力资源副总裁。这家公司高层斗争激烈，有些高管之间甚至连泛泛之交都算不上。汉娜受命来帮助首席执行官做出必要的人事变动，并重建管理团队。

汉娜很快意识到所在组织的架构和激励制度是问题的根源所在。一年之前，取得了快速增长的公司进行了业务单位重组，每一个单位专注于具体的产品线。但是，几个部门的客户群重叠，而新的架构和激励制度阻碍了合作。这样做的后果是什么呢？客户被弄糊涂了，组织内部针对谁拥有关键客户关系起了冲突，公司也不能够提供综合解决方案。这种混乱的情况也开始影响到了财务状况，营业收入增长停滞，首席执行官面临着来自董事会和投资人的质问。

汉娜确信公司需要进一步的架构改革，并将她的想法汇报给了首席执行官。但是首席执行官并不愿意开启另一轮的重组，而且他还是认为问题在于人。他对汉娜说，组织架构设计得不错，有合适的人来运作的话它是能够发挥作用的。

实际上，管理团队中有一些非常薄弱的环节。但是，汉娜明白，在拥有合适的结构之前不宜去处理人员的问题。所以她反复去跟她的上司商讨。她对情况进行了深入诊断，使得上司关注到了激励政策的不一致性导致了不必要的冲突。她还强调了其他公司是怎样重组来解决类似问题的。

汉娜花了一些时间，最终还是说服了首席执行官将公司改革成为一个混合结构：市场营销和销售重点回到了客户细分群体，而运营和研发则根据生产线来组织；还创立了一个共同服务组织来提供财务、人力、信息技术和供应链服务。这样的重新组合发挥了作用：一年之后，公司运营得顺利多了，客户更为高兴，公司业绩也恢复了强劲增长。到底哪些高管需要被替换也变得非常明晰了。

你在一个组织里级别越高，你就要承担越多的组织架构师的职责，建立组织体系关键要素并保证要素的一致性。这些要素包括战略方向、结构、核心流程和作为卓越表现基础的技术根基。不管你作为一个领导者有多大的个人魅力，如果你的组织失去了一致性，你也无力回天。你会感觉自己每天都在推着一块大石头上山。

如果你的新岗位职权覆盖到了改变方向、结构、流程和技能的范围，你应该开始分析你所在组织的结构，并评估各关键要素之间的一致性。最初的几个月里，在进行可靠的诊断，或者还包括着手最急迫的一致性问题之外，你不能指望做得太多。但是，掌握必须要做什么是很重要的，这样你才能确定早期成功项目的关注点，为后续的、更深入的一轮改变奠定基础。

就算你像汉娜一样，缺乏单方面改变新组织架构的权威性，你也应该关注评估组织的一致性。审视你所持有的拼图怎样才能放入大版图之中；思考你是否需要让那些具有影响力的人，包括你的上司或者同事，相信严重的不一致性是实现卓越表现的关键障碍；同时还要记住，对于组织制度的系统了解能够帮助你在组织中职位更高的人心目中建立起信誉，并且展示出你能够承担更高职位工作的潜力。

避免常见的陷阱

许多领导者依赖于简单的修复办法来解决复杂的组织性问题，最后履职不利。因此要警惕以下常见陷阱：

- **为了改变而改变。**新上任的领导者有一种想要快速、明显地改变策略或结构的冲动，而不管他们关注的是不是恰当的领域。通常，领导者有一种倾向，想要在组织身上打上自己的烙印，并在他们真正地理解所在组织之前就贸然寻求改变。这是一种先开枪、再瞄准的行事方式。“必须行动”的陷阱又再一次成为灾难催化剂。
- **没有根据 STARS 情境而调整。**引领改变没有唯一的最佳方案。在“整顿转向”情境下校准组织一致性的正确办法和在“加速增长”或“重新组合”情境下的行事方法是非常不同的。前者关注于快速和通常比较激烈的改变，后者则适合细微和渐进式的办法。所以，不要以“一刀切”的方式去改变，要找到在不同的 STARS 情境里处理问题的最佳方式。

- **尝试通过重组的方式解决更深层次的问题。**当真正的问题存在于流程、技能基础和文化时，去改变你所在组织的结构，可能就像重新安排“泰坦尼克号”甲板上的座位，并没有太大的作用。在你弄明白重组是否能够解决问题的根源之前不要轻举妄动。不然的话，你可能会创造新的不一致性，不得不由原路返回，扰乱你的组织，并损坏你的威信。
- **创立过于复杂的结构。**实施一个矩阵式结构可能真的会有用，就像汉娜遇到的情况一样。如果做得好，矩阵能够培育出共同的责任，帮助你在创造性的张力下工作。但是要小心地取得恰当的平衡，不要分散决策或是引入僵化的复杂性。在可能的地方，要争取责任的明晰界线，最大可能地简化结构，而不要影响核心目标。
- **高估所在组织接受改变的能力。**设想一个宏伟的新战略方向或结构改变是很容易的。但是在实践中，面对着大规模的变革，人们想要改变往往比较困难，特别是如果他们在最近就经历过一系列的这种改变的话。在“整顿转向”情境下，如果有需要的话，快速采取行动；但是，在可能的 STARS 情境，比如“重新组合”和“维持成功”情境下，要渐进式地推动。

设计组织架构

首先，让你成为自己所在组织或团体的建筑师。你也许会觉得这个角色很熟悉，但很可能并不会。很少有领导者接受过组织设计方面的系统训练。因为通常领导者在职业生涯早期对组织设计的控制力非常有限，所以他们在这方面了解得很少。非资深的人士总是会抱怨组织中存在着明显的不一致性，并且对上层的“那些笨蛋”为什么能够忍受明显不正常的安排感到疑惑。当你做到了大多数组织的中高层的时候，你自己又很可能稳步走上了成为“这些笨蛋”的道路。因此，我们强烈建议你学习关于如何评估和设计组织的知识。

想要设计（或者重新设计）你所在组织的架构，首先你要将它看作一个开放的体系。图 6–1 中针对整个业务的情况进行了阐释，你需要做的是关注于你负责的部分。“开放”的部分是指组织开放性面对的那些事实（也就是它们影响且被影响的那些要素）。这样的事实包括：①外部环境的关键参与方，如客户、分销商、供应商、竞争者、政府、非政府组织、投资商和媒体；②内部环境，包含风气、士气和文化。所以领导者在架构方面的选择必须将组织放在一个能够应对并且塑造外部和内部环境现实的位置。

“体系”的部分强调了这样一个事实，那就是组织架构包括明显的、有趣的要素：战略方向、结构、核心流程和技能基础。其中的启示是你可以针对单个的要素开展工作，比如，改变策略、变更结构、简化流程或者雇用有不同技能的员工——但是你在这样做的时候还必

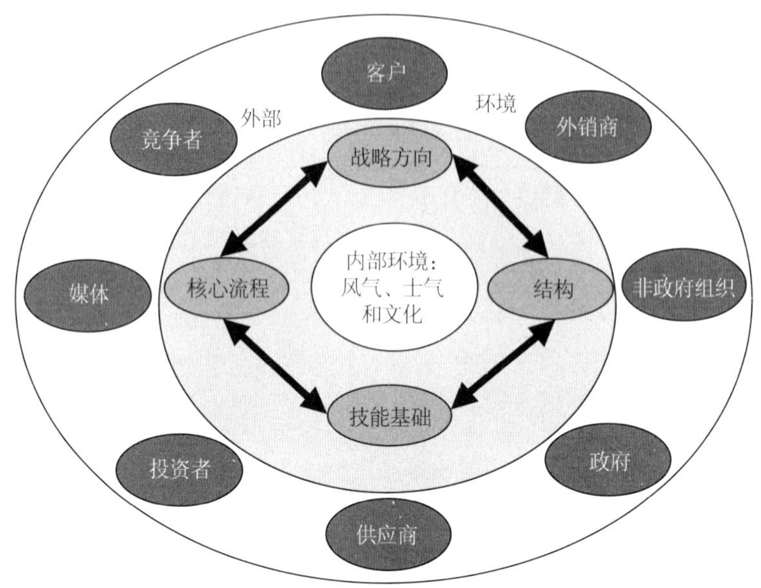

图 6–1　组织架构的要素

须考虑到对其他要素的影响。具体来说，组织架构的所有四个要素应当保持一致，共同协作[1]。

- **战略方向**。组织的使命、愿景和战略。
- **结构**。人员在单位内是如何组织的，他们的工作是如何协调、衡量和被鼓励的。
- **核心流程**。通过信息和材料的加工来增加价值的制度。
- **技能基础**。组织中关键员工团体的能力。

你当然需要有合适的战略方向才能有效地前行，但是涉及任何其他要素的不一致性都可能导致最佳的战略失效。战略方向推动着其他要素，也受到它们的影响：如果你决定改变所在团体的方向，很可能要改变它的结构、流程和技能，来创造一个完全一致的架构。

诊断组织的不一致性

组织可能会在很多方面出现不一致性。你在最初 90 天里的目标应该是确定可能的不一致性并设计一个计划来修正它们。常见的不一致性有以下几种：

- **战略方向和技能基础之间的不一致。**假设你领导了一个研发小组，你的目标是要增加你的团队生成和测试的新产品创意数量。但是，你的员工不能适应加快使用新技术来让你们比之前更快、更多地进行实验。在这种情况下，你的团体的技能不能够支撑它的使命。
- **战略方向和核心流程之间的不一致。**想象一下，你领导了一个市场营销团队，你们的任务是专注于满足一个新的客户细分群体的需求。如果你的团队没有建立起一个有效的方式，来分析关于这些客户的信息，你的团队制度就不能够支持这个大方向。战略方向和核心流程之间出现了不一致。
- **结构和流程之间的不一致。**假设你管理着一个产品开发团队，其中的成员又是通过产品线来组织的。这一结构的基本原理是它专注于具体产品的专业技术特长。但是它也有负面的作用：

这样的团体没有有效的制度来在多样的产品团队中分享最佳实践。导致的结构和流程之间的不匹配将会阻碍整个团体的最佳表现。

- **结构和技能之间的不一致。**假设业务最近从一个功能性结构转向了矩阵式结构，来平衡产品相关以及功能相关的决策。员工习惯了通过权威和功能性的汇报线路来开展工作，但是他们现在需要使用影响力和争端管理技能。结构的改变创造了与所需技能之间的不匹配，需要进一步应对。

准备开始

修正一个组织的不一致性就像是准备一次远航。首先，你必须清楚你的目的地（使命和目标）和线路（战略）是否正确。然后，你可以找出你需要的船只（结构）、怎样配备它（流程），以及最佳的船员团队都包括哪些人（技能基础）。在整个旅程中，你都要提防没有标示出来的礁石。

根本要点就是组织一致性存在一个逻辑。如果你在弄清楚哪里是正确的方向之前就尝试去改变结构，很可能会带来一些问题。而且，尽管你可以开始准备，但当你掌握你的目的地、线路和船只之前，是不可能完整地评估现有团队的适合性的。以下是应该如何去做：

1. **从战略方向着手。**认真地观察和思考，你的组织在更大的组织目标和你们认定的优先工作中被放在了怎样的位置。确保你的使命、愿景和战略都经过了充分的评估和逻辑上的整合。

2. 审视支持性的结构、流程和技能。观察你的团队的现有结构、流程和技能基础是否能够支持战略方向，不管是当前的战略方向还是你预想中的方向。深入挖掘并理解这些要素之间的相互关系。如果它们中的一个或几个不适合你所预想的使命或战略，想清楚你将会怎样修改你的方向或者创建（或取得）你所需的能力。

3. 决定你将会怎样、在何时引入新的战略方向。在具备了对于所在团体当前能力的更深入了解之后，（如果改变是必须的话）绘制一个改变方向的线路，草拟定位安排（市场、客户和供应商）方面的改变以及支持性能力方面的改变，然后采用一个现实的时间框架来实现这些改变。

4. 想清楚正确的顺序。不同的情境需要不同的方法来实现组织的一致性。在“整顿转向”情境下，正确的方法通常是改变战略，然后使结构和它保持一致，之后再关注于支持性的流程和技能。在“重新组合”情境下，战略方向和组织则常常并不是真正的问题所在。组织的流程和技术基础往往是困难的来源，这也是你需要关注的地方。

5. 闭合回路。随着你对于所在团体的结构、流程和技能的更多了解，你会获得一些关于团队成员的能力以及团队适应改变的文化容量的洞察。这样的洞察反过来会加深你对于在什么时间段应该在战略定位方面做什么改变的理解。

确定战略方向

战略方向包含了使命、愿景和战略。使命关于将要实现什么，愿景关于为什么员工会有动力来做出高层次的表现，而战略是关于为了完成使命，资源应当怎样配置、决策应当怎样做出的问题。如果你牢牢记住这些什么、为什么和怎样的问题，在关于使命是什么、愿景是什么和战略是什么的辩论之中你就不会迷失。

关于战略方向的一些根本性问题涉及组织将会做什么，以及更重要的，组织将不会做什么。所以应关注客户、资本、能力和承诺：

- **客户**。我们将会继续服务于哪一些现有的外部或内部的客户？我们的价值主张是什么？我们将退出哪一部分市场？我们将进入哪一部分新市场？何时进入？
- **资本**。对于那些我们将继续保留的业务，我们会对哪一些进行投资，又对哪一些进行撤资？还需要哪些额外的资本？何时需要？这些资本将从何处来？
- **能力**。我们擅长什么，不擅长什么？我们可以利用什么组织能力（比如一个强有力的新产品开发组织）？我们需要建设哪些能力？我们需要创建或获取哪些能力？
- **承诺**。在资源承诺方面我们必须做哪些重要决策？何时做出？我们还需要忍受或者解开哪些之前做出的难以反转的承诺？

深入钻研战略方向的开发已不在本书的讨论范围之内，但你可以利用很多非常棒的资源来帮助回答这些问题。我们在这里的关注点是通过审视其连贯性、充分性和实施来评估当前的方向。

评估连贯性

组织已经做出的关于客户、产品、技术、计划和资源承诺的选择中是否存在清晰的逻辑？为了评估战略方向的各个要素是否互相匹配，你需要审视战略背后的逻辑，来保障它在整体上是有意义的。当初确定战略方向的人是否思考过它所有可能的衍生结果以及实施过程中的现实方面？

你如何评价所在组织战略方向的逻辑？首先看一看描述你所在团队的使命、愿景和战略的文件。然后将它们拆解成各个组件：市场、产品、技术、功能计划和目标。问问自己：各个不同的方面能够互相支持吗？各个部分之间是否有一个逻辑线程将它们连接起来？更具体来说，在市场分析和团队目标之间是否有明显的联系？产品开发预算是否符合战略运营部门的预计资本投入？是否已有到位的计划来培训新产品流水线上的销售人员？

如果组织的战略方向在整体上是有意义的，你会比较容易发现这样的联系。

评估充分性

你们确定的方向对于你的组织在未来两三年里必须做的事情来说是否足够？它是否能够充分支持更大的组织目标？你的团队可能有

一个经过精心思考和逻辑整合的战略方向，但是，它是否真的充分呢？也就是说，它是否能够让团队在接下来两三年时间里，有力量实施为了成功所必需的措施，并且在更广层面上帮助整个组织成功？

为了评估充分性，可采用以下方法：

- **询问探究性问题**。你的上司是否认为，你的团队为了实施当前的方向将投入的努力和工作会得到充分的回报？是否已有计划来保障、发展以及保存实施方向需要的资源？利润和其他的目标是否足够高，能够使团队保持在正确的轨道上？是否有充足的资金用于资本投资和研究呢？
- **使用著名的 SWOT 分析法中的一个变量**。参见文本框“从 SWOT 到 TOWS”。
- **调查战略方向确定的历史**。找出是谁主导制订了战略方向的历史。这一过程是否匆忙？如果是，开发者可能没能够想清楚所有的衍生面。还是花费了很长时间？如果是，它可能代表着一种经历了政治斗争的妥协。开发过程中的任何失误都可能危害战略的充分性。

从 SWOT 到 TOWS

SWOT 分析法可能是进行战略分析最有用的（也肯定是被误解最深的）框架。原因在于这一工具被开发的方式，以及更为重要的——它的命名方式。SWOT 是竞争优势（strength）、竞争劣势

（weakness）、机会（opportunities）和威胁（threats）这几个英文单词的缩写，它最初是由斯坦福研究院（Stanford Research Institute，SRI）的一个团队在20世纪60年代后期开发的[2]。这个团队想到了要同时分析内部能力（优势和劣势）和外部环境中的发展（机会和威胁）来确定战略重点，并开发针对这些重点的计划。

遗憾的是，开发者们将他们的方法命名为了SWOT，这其中有一种暗示便是这种分析应该按照这个缩略词中的字母排序来进行，首先是内部优势和劣势，然后是外部机会和威胁。这样暗示出来的层级给那些用这一方法推动团队中战略讨论的人带来了无穷的问题。这其中的关键在于，当缺少能够主导这一讨论的事物时，对于组织优势和劣势的分析很容易变得抽象、毫无方向且纸上谈兵。因此，团队常常不能够确定所在组织的优势和劣势，最终感到挫败和筋疲力尽，也因此草率处理了外部环境中重要的发展动态。

正确的方法应该是从环境开始，然后再分析组织。第一步是要评估组织的外部环境，寻找出现的威胁和潜在的机会。显然，这一评估应该由扎根于组织现实之中并熟知其外部环境的人来进行。

确定了潜在威胁和机会之后，团队接下来应该根据组织能力来评估它们。组织是否存在劣势，使得自己特别容易受到某些具体威胁的伤害？组织是否存在优势，使得自己能够追求某些具体的机会？

最后一步是要将这些评估转化为一套战略重点，钝化关键威胁，追逐高潜力机会。这些分析也将成为一个更广泛的战略计划流程的资料来源。

由 SWOT 分析法的命名所引发的困惑非常普遍，也许已经到了给它改名的时候了。替代选择是什么呢？我们可以叫它 TOWS 分析法，这样人们就会得到正确的提示，知道进行这一评估过程的最佳顺序。

评估实施

你所在组织在实施使命、愿景和战略上是否积极？如果不是，为什么？观察你的团队的战略方向是如何实施的，大家在做什么，而不是大家在说什么。这一方法将帮助你精确定位问题是来自规划上的不充分性还是实施中的不充分性。问一问自己以下这些问题：

- 我们的整体决策是否与确认的方向一致？组织实际上追求的目标是什么？
- 我们是否在运用具体的绩效指标来做出日常决策？
- 如果实施工作需要团队合作以及跨职能部门的整合，员工是否能以一个团队行动并且跨部门进行协作？
- 如果实施工作需要开发新的员工技能，是否已有“学习和开发”相关的基础设施来发展这些技能？

对于这些问题的回答将告诉你自己是要推动所在团队战略方向上的改革，还是实施过程的变化。

修正战略方向

假设你在前任留下来的使命、愿景和战略中发现了严重的缺陷，你是否能够从根本上改变它们，或者改变它们实施的方式？这取决于两个要素：你正在进入的STARS情境，以及你说服他人并取得他人对你的想法支持的能力。

如果你认为你的团队当前的道路有误，你需要提出问题，说服你的上司和其他人重新审查你们的战略方向。如果你断定现有策略能够推动团队前行，但是推动得不够快也不够远，最明智的办法可能是早早地调整它，并且规划后期更大的改变。例如，你可以适度提高目标收入，或者建议在必要的技术上进行比战略目标中所要求的更快速的投资。在你了解了更多，并且在关键同盟者中建立起了支持之后，再开始更为根本性的变革。

塑造你的团队结构

不管你是否决定改变所在组织的战略方向，都需要评估结构的充分性。如果结构不能支持战略——不管是现有的战略还是你计划建立的新战略，你所在组织的能量都不能得到恰当的引导。

需要注意的一点是：一个组织中很多的力量都要通过它的结构进行分配，因为结构确定了谁有权力来做什么事情。所以，务必注意，除非是在“整顿转向”或“快速增长”情境这种明显必需的条件下，不要轻易进行结构性的改变。早早地将目标对准结构性改变在“重新组合”情境下尤为危险，因为那样的情境下并非到了火烧眉毛、必须改变的境地。

到底什么是结构呢？最简单地说，你的团队结构就是它组织员工和技术，以支持使命、愿景和战略的方式。结构包括以下要素：

- **单位：**你的直接下属是怎样聚合的，比如通过部门、产品或地理区域。
- **汇报关系和整合机制：**汇报和问责的线路是怎样设置以协调各方努力的；不同单位之间的工作是如何整合的。
- **决策权力和规则：**谁被赋予了哪种决策的权力；为了保持决策和战略的一致性，必须应用哪些规则。
- **绩效衡量和激励制度：**已经到位的绩效评估指标和激励制度。

评估结构

在产生重塑团队结构的想法之前，你需要审视这四大结构要素的互动情况。它们是杂乱无章还是和谐共存？问一问自己以下问题：

- 团队成员的分组情况是否有助于我们实现使命及实施策略？是否将合适的人安排在了合适的位置来推动我们的核心目标方面的工作？
- 汇报的关系是否能够帮助实现工作的一致性？“谁对什么事情负责”这一点是否明晰？不同团队的工作是否有效地整合在一起？

- 决策权的分配是否有助于我们做出最佳决策以支持战略的实施？在集权和分权之间我们是否达到了恰当的平衡？
- 我们是否衡量和奖励了那些对我们的战略目标最为关键的成就？在固定奖励和基于绩效的奖励之间我们是否做到了恰当的平衡？在个人激励和团队激励之间呢？

如果你处于“初创启动”情境中，并因此正在组成一个新的团队，你手头并没有需要评估的现有结构；相反，你需要思考你希望结构的各个部分在你的团队中如何运作。

努力权衡得失

没有一个组织的结构是完美的，每一个结构都体现了利弊得失的权衡。因此，你的挑战是要找到适合你所在情境的平衡。在你考虑对所在团队做出改变的时候，请记住以下这些可能发生的常见问题：

- **组织具有“筒仓”式的优势。**当你将具有类似经历和能力的员工聚集在一起时，他们能够汇集成专业技能的深井。但是，他们也可能会变得孤立和封闭。这其中的启示是，你需要关注整合是如何发生的。这包括审视谁对搭建起不同职能部门之间的桥梁负责，以及确定是否已经有恰当的整合机制，比如跨部门团队和团体绩效激励。
- **员工的决策范围过窄或过广。**一条通用的规则就是，决策应该由具有最丰富相关知识的人做出，前提是针对他们的激励政策是能够鼓励他们为组织的最大利益着想的。如果你的团队的决策过程是集权式的，你（可能还有其他几个员工）能够迅速地做决定。但是，你可能就放弃了从其他对做出某些决策有更好的信息资源的人那里汲取智慧的机会了。这样的结构一方面可能导致在消息不充分的情况下做出决定，并且给要做出所有决策的人以沉重的负担；另一方面，如果员工被赋予了决策权，但是不理解他们的选择将在更大范围内带来的影响，他们可能会做出不明智的决策。

- **员工有动力做错误的事情。**对于人们将会做什么的最好的预报器，就是激励政策。有效的领导者会寻求将单独的决策者的利益与团队整体的利益一致化。这也是为什么在一些组织中，将更多的重点放在团队激励政策上会有效：它们把每个人的注意力都集中在共同工作的能力上。如果衡量和补偿机制既没有奖励员工的个人努力，也没有奖励他们的团队工作，就会出现问题。如果奖励为了推动员工个人的利益而牺牲了团队更广阔的利益，也会出现问题，比如能够为同一批顾客提供服务的员工缺少合作的动力。这也是本章开头汉娜所面临的问题。
- **汇报关系导致了责任的封闭或扩散。**汇报关系帮助你观察和控制你所在团队的运作，明晰责任，并鼓励问责。等级制的汇报关系使这些任务更为容易，但是也可能导致封闭和信息分享的不佳。复杂的汇报安排，比如说矩阵结构，能够扩大信息的分享，减少封闭性，但是又可能导致权责的分散。

保持核心流程的一致性

核心流程（常被称为“制度”）使你的团队能够将信息、材料和知识转化为以商业上可行的产品或服务、新知识或想法、具有生产力的关系，或者其他任何组织认为重要的价值。同样，在结构方面，要问一问自己当前的流程是否能够支持你的使命、愿景和战略。

做出恰当的得失权衡

请记住，你所需的流程范围和类型取决于你需要做出的权衡。比如，思考一下你的主要目标是推动完美的执行还是激励创新[3]。如果你没有专注开发那些明确了具体目的和手段（方法、技术和工具）的流程，你就不太可能在高质量和可靠度（以及低成本）的情况下执行。明显的例子是制造工厂和服务交付组织。但是这些同样类型的流程可能会阻碍创新。所以如果你的目标是激励创新，你可能需要开发那些关注于明确目的的流程，并严格检查进度，保证在关键时间点实现它们，而不是控制达成这些结果的手段。

分析流程

一家信用卡公司对自己的核心流程进行了确认，结果如下表所示。这家公司随后定位和改善了每一项流程，建立了恰当的衡量机制，变更了奖励制度以更好地与行为保持一致。它还集中力量识别关键的瓶颈问题。对于那些之前未处于充分控制之下的重点任务，公司修订了规程，引入了新的支持工具，结果取得了在客户满意度和组织生产力方面共同的显著增长。

流程分析实例

产品/服务交付流程	支持/服务流程	业务流程
应用进程	收款	质量管理
信贷甄别	客户查询	财务管理
信用卡生产	关系管理	人力资源管理
授权管理	信息和技术管理	
交易处理		
账单		
支付处理		

你的组织或团体可能拥有像这家信用卡公司一样多的流程。你的第一项挑战就是识别这些流程，然后确定它们中的哪些对于你的战略来说是最为重要的。比如，你的团队战略相对于产品开发更为强调客户满意度，你就会想要保障所有与向客户交付产品或服务相关的流程都能够支持这一目标。

使流程和结构保持一致

如果团体的核心流程支持其战略方向，那么这些流程必须与这一组织的结构（人员和工作组织起来的方式）相一致。我们可以把这种关系比作人的身体。我们的骨骼——骨架、肌肉、皮肤和其他部分——是这副身体功能正常运行的结构基础。我们的生理机能——循环、呼吸、消化和其他——是一套制度（或流程），使身体的不同部分能够一起工作。在组织中，就像在人体中一样，结构和流程必须健康，且互相加强。

想要评估每一项核心流程的效率，你应当检查以下四个方面：

- **生产力**。这一流程是否高效地将知识、材料和人力转化为了价值？
- **时效性**。这一流程是否及时地交付了期望中的价值？
- **可靠性**。这一流程是充分可靠，还是过于频繁地发生故障？
- **质量**。这一流程交付价值的方式是否一贯地满足要求的质量标准？

当流程与结构相一致时，良好的结果就显而易见了。例如，一个围绕具体的客户细分群体而架构的客户服务组织也在团队之间分享信息，并且有效地应对了影响到所有客户群体的问题。

但是当流程和结构不和时，不同的团队会使用不同的销售流程去竞争同一批客户，他们互相拉对方的后腿，也破坏了整个团队的战略。

改善核心流程

你到底应该怎样改善一项核心流程呢？首先，制作一个流程

（或工作流）示意图，直接地用图表展示出在每一项特定的流程中，任务在处理它们的个人和团体手中是如何流动的。图 6–2 展示了订单执行的简化流程。

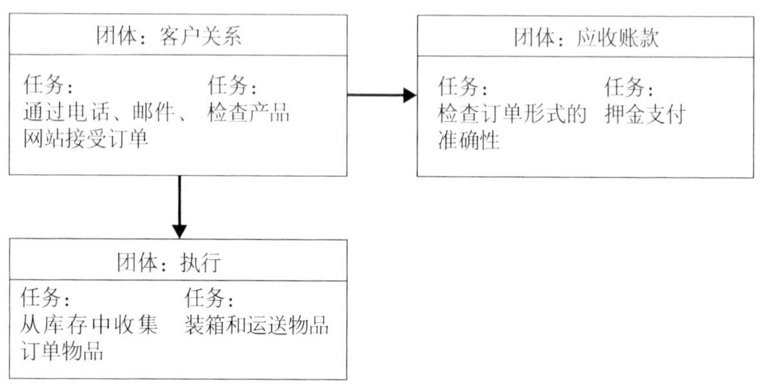

图 6–2　流程示意图

请负责流程中每一阶段的个人绘制出从开始到结束的过程流，然后请团队来寻找负责邻近任务的个人之间存在的瓶颈和问题接口。例如，客户关系部门的某个人向执行部门传达某个订单特殊处理的需求时可能出现失误或延迟。在这种类型的传递中流程故障常常发生。

流程分析能够激励集体学习。它帮助整个团体理解在单位或团体内部以及之间，由谁来做什么以实施某个特定的流程。创建一个流程或工作流示意图还能够清楚地显示出问题是怎样发生的。你、你的上司以及你的团体之后可以判断怎样最好地改善流程，比如，可以简化和自动化工作流。

几句简单的提醒：你可能对若干流程负责，如果是这样的话，将它们作为一个组合来管理，集中一次力量处理一些。注意把你所在组织吸收改变的能力考虑进来。

开发你的团队的技能基础

你的直接下属是否拥有良好地执行团队核心流程所需的技能和知识，是否能够支持你们确定的战略？如果答案是否定的，你的团体的整体架构可能会被连累。技能基础包括以下四种知识：

- **个人专长。**通过培训、教育和经历获得。
- **关系性知识。**对于如何共同工作，整合个人知识以实现具体目标的理解。
- **嵌入知识。**你的团体的业绩所依赖的核心技术，比如客户数据库或研发技术。
- **元知识。**对于从哪里获取重要信息的认知——比如，通过研究院和技术伙伴这样的外部合作组织。

评估你的团体的能力，其首要目标是明确所需与现有技能之间的差距，以及未充分使用的资源，比如仅部分开发的技术和浪费了的专长。弥补差距，更好地开发利用资源可以在业绩和生产力方面创造重要贡献。

为了明确技能和知识差距，首先，你要重新审视之前确定的使命、战略以及核心流程。问一问自己，支持你的团队的核心流程需要这四种知识的怎样组合。将它视作一个想象的练习，在这一练习中你可以尽情想象理想的知识组合。其次，评估你的团队现有的技能、知识和技术。你发现了怎样的差距？哪些差距可以快速弥补，哪些需要花费更多时间？

想要确定未充分使用的资源，你要搜寻你的组织里那些比平均表现好得多的个人或团队。他们为什么能够做到这样？他们是否享有了能够输出给组织其他人员的资源（技术、方法、材料和来自关键人士的支持）？有前景的产品创意是否因为缺乏兴趣或投资而仍被束之高阁？现有的产品资源能够满足新客户的要求吗？

改变架构以改变文化

请记住，文化是不可以直接改变的。它受到组织架构四大要素以及领导团队行为强有力的影响。这其中的启示是，为了改变文化，你需要改变架构，并且加强你应以正确的领导力开展的工作。

例子之一是改变你用来评判成功的标准，然后使员工的目标和激励措施与新的衡量标准保持一致。举例来说，考虑改变个人和团体激励措施之间的平衡。在一个新产品开发团队中，工作的成功是否需要员工紧密合作、互相协作？如果是的话，在团体激励措施上放更大的权重。在一个销售团队里，其中的人员是否都独立运作？如果是这样的话，并且如果个人对于业务的贡献能够衡量的话，可以在个人激励措施上予以更多关注。

小结

利用这一章节中讨论的分析来开发一个保持组织一致性的项目。如果你在让员工采用更具生产力的行动上总是受挫，你可以退后一步，看一看是否组织不一致性是问题的根源所在。

实现一致性清单

1. 对于战略方向、结构、流程和技能的不一致性你有怎样的观察？你将怎样更深入地挖掘，以确认或改进你的观感？

2. 你需要做出哪些关于客户、资本、能力和承诺的决策？你将怎样做出这些决策？何时做出？

3. 你对组织当前战略方向的连贯性如何评价？对充分性如何评价？你目前对于改变方向有什么想法？

4. 组织的结构有何优势和劣势？你正在考虑哪些可能的结构性改变？

5. 你所在组织有哪些核心流程？它们表现如何？你在流程改善方面有哪些重点工作？

6. 你确定了哪些技能差距和未充分利用的资源？在加强关键技能基础方面你的重点工作有哪些？

第七章　打造你的团队

当利亚姆·格芬被任命来领导一家流程自动化公司中陷入困境的业务部门时，他知道自己的未来工作任重道远。他阅读了他的新团队前一年的业绩报告之后，更加清晰地感受到了挑战之大。团队中的人要么表现出众，要么排在末尾，没有人是中不溜的。他的前任在工作时似乎是有失偏颇了。

与新的直接下属进行了谈话，并对运营结果进行了彻底的检查，利亚姆的怀疑得到了确认，业绩报告确实被曲解了。特别是负责市场营销的副总裁看起来能力足够胜任岗位，但绝对不是一个好说话的人。遗憾的是，他对自己的判断颇有自信。负责销售的副总裁给利亚姆的印象是一位可靠的执行者，却因为利亚姆前任的错误判断而当了替罪羊。显而易见，市场营销和销售部门之间的关系紧张。

利亚姆意识到，这两位副总裁中要么走一位，要么两人都离职。他分别与两人会面，坦率地告知，他看过了他们的业绩评分。然后，他为两人各自列出了为期两个月的详细计划。同时，他和他的人力资源副总裁悄悄地开展外部搜寻工作，寻找人员来评估人才的深度以及高层职位可能的候选人。

在利亚姆第三个月的工作结束时，他向市场营销副总裁发出了信号，暗示他的工作没法继续了。这位副总裁很快就离开了，他的一位直接下属接替了他的职位。同时，销售主管经受住了利亚姆的考验。现在利亚姆相信，他在这两个关键岗位上都有了强有力的执行者，向前推进的工作已经准备就绪。

利亚姆意识到，他不能够把错误的人留在自己的团队中。像大多数新领导者一样，如果你继承了一个直接下属的团队，建立你自己的团队、引领你需要的人才实现卓越的成果是非常重要的。你在最初的 90 天里做出的最重要的决策很可能就是人事方面的。如果你成功创建了一个高业绩团队，你就可以在价值创造方面发挥巨大的影响力。如果失败了，你将面对严峻的形势，因为没有领导者能独自一人取得多大成功。早期糟糕的人事选择几乎肯定会在之后困扰你。

但是，尽管找到合适的人非常重要，这一点还远远不够。首先，可以对当前的团队成员（直接和非直接下属）进行评估，确定你需要做出哪些改变。其次，设计一个计划，引入新的人，将你要保留的人放在合适的岗位上，而保证在这一过程中不对短期业绩有太多伤害。这样也还不够。再次，你还需要让你的团队成员密切合作，激励他们在预定方向上努力。最后，你必须建立起新的流程来推动团队合作。

避免掉入常见陷阱

许多新领导者在建立团队时会犯错。结果可能是拖延了很久才达到损益平衡点，或者工作完全脱轨。以下是一些你可能掉入的典型陷阱：

- **批评前任领导。**批评在你之前的领导人没有任何好处。这并不意味着你要宽恕过去糟糕的表现，也不是说你不可以强调存在的问题。你当然需要评估前任领导的影响，但与其指出他人的错误，不如关注于评估当前的行为和结果，并做出必要的改革，支持业绩的改善。
- **保留现有团队太久。**除非你处在“初创启动”阶段，否则你不可能从零开始创建一个团队。你继承了一个团队，必须把它塑造成你想要的样子，以实现你的A级目标。有些领导者会在团队中贸然做出重大改变，但是更常见的情况是领导者过长时间按兵不动。不论这是因为领导者自身的傲慢情绪（“这些人之前表现得不好是因为他们没有像我这样的领导”），还是因为他们在回避艰难的人事决定，这样做最后获得的都是远不够好的团队。这意味着他们和其他那些更为强大的执行者必须承担更多的责任。团队改变的范围和做出变更的时间框架取决于你所面临的STARS情境种类。在“整顿转向”情境下时间可能更短，“重新组合”情境下则可能更长。同时，你做出改变的能力可能会被限制，你必须接受这一点，然后找到办法，最大限度地用好你继承来的团队成员。方法之一便是确定他们的角色。在任何情况下，你都应该设立截止期限，到这个期限时，你要对你的团队有一个结论，并在 90 天计划内采取行动，然后坚持这些行动。

- **没有平衡稳定性和改变。**建设一个继承来的团队就像是在海洋的中间修补一艘漏水的船只。如果忽略了必要的修补点，你就到达不了目的地，但是你又不想改变得太多太快而导致这艘船沉没。关键就是找到稳定性和改变之间的平衡。最重要的是，在早期只是关注于最高优先级的人事变动。如果你还可以忍受一个 B 级参与者一段时间，那就先忍着。
- **没有并行处理组织一致性和团队发展的问题。**一艘船的船长如果不知道航行的目的地和航线、不了解船只，就不能对他的船员们做出正确的选择。同样地，你不能孤立于战略方向、结构、流程和技能基础的变化之外建设自己的团队。否则，你可能会把合适的人放在不合适的位置上。正如图 7–1 中所示，你评估组织和实现一致性的努力应当与评估团队和必要的人事变动并行。
- **没有把握住好的员工。**一个有经验的管理者分享了在失去好员工的危险方面得来不易的教训。她说：“当你摇晃树木的时候，好的员工也会掉落。”她想讲的要点在于，对于谁将会留下、谁将会离开你的团队这一问题上的不确定性可能会导致你最好的员工去别的地方。尽管你能够公开表达的关于人员去留的话是有限制的，你也应该寻找方法，向最优秀的员工发出信号，表明你认可他们的能力。一点小小的许诺会大有帮助。

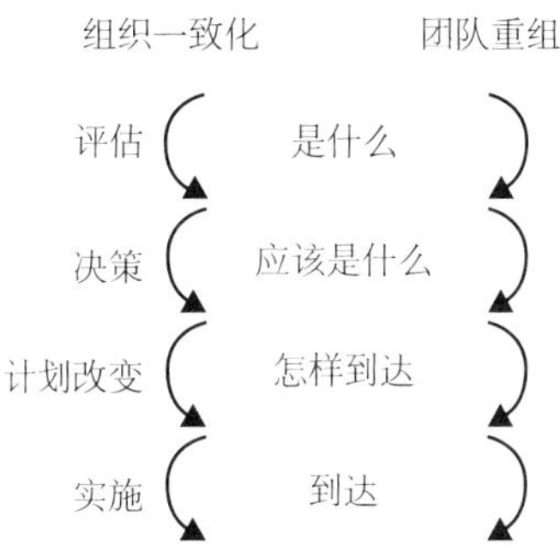

图 7–1　架构一致化和团队重组的同步

- **在核心成员到位之前就开始团队建设。** 人们总是想要马上就开启团队建设的行动，但是这种方法会有一个危险，它加强了一个团队之中的联系，而这个团体中有些成员可能会离开。所以，在你想要的团队基本到位之前，不要开始具体的团队建设行动。当然，这并不是说你们不能作为一个团队进行会面，只是要把注意力集中在业务上。
- **过早地做出了依赖于实施的决策。** 如果关键项目的成功实施需要你的团队支持，你应当明断地推迟决策，直到核心成员到位。当然，肯定会有些决策你不能推迟，但是做出决策、让员工承担自己并没参与过确认的行动过程，可能会适得其反。
- **大包大揽所有事情。** 最后，请记住，重组一个团队充满了情感、法律和公司政策方面的复杂性。不要尝试自己一个人去解决所有的问题。找到能够为你提供最佳建议的人，找到能够帮助你制定战略的人。在重组一个团队的过程中，一个得力员工的支持是必不可少的。

假如你没有掉入以上任何陷阱，为了建设你的团队你还需要做些什么呢？首先，严格地评估你继承下来的团队员工，然后制订计划，把团队改造成你想要的样子。与此同时，采取行动使团队与你的战略及早期成功的优先工作相一致，并落实到位你需要有效领导的绩效管理和决策流程。

评估你的团队

你可能会接手一些杰出的执行者（A 级员工）、一些普通的（B 级员工）以及一些不能胜任工作的员工（C 级员工）。你接手的团体会有它自己的内部动态和政治，甚至有一些成员之前可能想要争取你的职位。在你最初的 30—60 天里（天数取决于你所继承的 STARS 情境组合），你需要弄清楚谁是谁、谁担任着怎样的角色，以及团体在过去是如何工作的。

建立你的评估标准

当你见到团队成员消化成果和业绩评价时，你会发现自己不可避免地开始对他们形成初步印象。不用压制这些早期的反应，但是务必退后一步，再进行一个更为严密的评估。

出发点是要对你将会明确或暗中采用哪些标准来评估向你汇报的员工有一个清醒的意识。可以考虑以下六个标准：

- **能力**。这个人是否拥有完成这份工作的技术性能力和经验？
- **判断力**。这个人是否具有良好的判断力，特别是在压力下，或者面临着为了更大的利益需要做出牺牲的情况时？
- **能量**。这个团队成员是为这项工作注入了正能量，还是说他处于筋疲力尽或自由闲散的状态？
- **专注度**。这个人能够设定优先工作，并且忠于这些工作，还是说他容易在各个方向上分散精力？
- **关系**。这个人是和团队中的其他人相处融洽、支持集体的决策，还是难以共事？
- **信任**。你是否能够信任这个人，相信他会遵守承诺，并坚持履行承诺？

为了对你使用的这些标准进行一个快速理解，请填写表 7–1。根据你评估直接下属时放在每一项上的相对权重把 100 分在六个标准之间进行划分。在中间一列填写这些数字，确保它们加起来等于 100。现在选出一个标准作为你的阈值点，也就是说，如果这个人没有在这个方面达到基本的门槛值，其他的就都没有意义了。在右手边一栏中用星号标出你的阈值点。

表 7–1　对评价标准的评估

评价标准	相对权重（分） （将 100 分分配给 6 个点）	阈值点 （用星号选中）
能力		
判断力		
能量		
专注度		
关系		
信任		

现在退后一步。这个分析是否能够准确地反映你在评估团队成员时所用的价值呢？如果是的话，它是否展示出了你在评估人员的方法上的某些盲点？值得花一些时间思考你将会使用的标准。这样做了之后，你将会准备得更加充分，能够进行一个严谨的、系统性的评估。

检查你的假设

你的评估可能反映了在你心中的一个假设，即你能够改变员工的哪些方面，不能改变哪些方面。如果你在“关系”这一项上得分低而“判断力”这一项上得分高，你可能认为你的团队成员内部的关系是你能够影响的部分，而判断力你则无能为力。同样，你可能将“信任”作为了阈值点，许多领导者都是这样，因为你认为，你必须能够信任那些为你工作的人，并且可信赖性是一种不能改变的品质。你的这些假设可能正确，但是关键在于你要意识到自己正在做出这些假设。

将职能专长考虑进来

如果你管理的团队中，成员们各有专长，比如市场营销、财务、运营和研发，你需要掌握他们在各自领域的能力。这项任务可能会让人畏缩，尤其是对于第一次担任领导者的人来说。如果你是外来者，尝试去咨询那些在各个职能部门，你尊重并且又了解你的团队成员的人（更多关于如何实现角色转变成为企业领导者以及相应挑战的内容，请参阅《哈佛商业评论》2012 年 6 月刊中的文章《管理者怎样成为领导者》）。

如果你将入职一个企业担任领导职务，可以考虑开发一个自有的评估市场、销售、财务和运营等职能部门员工的模板。一个好的模板包括：与具体职能相关的关键业绩指标（KPI），哪些关键业绩指标应当展示而哪些不应当，应该问哪些问题，以及警报信号。为了开发每一个模版，请与有经验的管理者讨论，询问他们在这些职能部门中所看重的是什么。

把团队合作的范围考虑进来

你在评估中采用的权重应该根据你的直接下属正在进行的工作而有所不同。比如，假设你将接手新职务，担任负责销售的副总裁，管理一个在地理位置上分散开来的区域销售经理团队。这时，你用来评估这一团体的标准和你被任命来领导一个新产品开发项目时有何不同？

根据你的直接下属独立工作的范围，这些工作岗位差别明显。如果你的直接下属差不多能独立工作，他们共同工作的能力就跟你管理一个互相依赖的产品开发团队时相比没那么重要了。在这样的情况下，有一个高业绩的团体而不是真正的合作性团队是完全可以接受的。

把 STARS 情境组合考虑进来

你所应用的标准还取决于你的 STARS 情境组合——你所继承的“初创启动”“整顿转向”“加速增长”“重新组合”或者“维持成功”情境的组合。例如，在一个“维持成功”情境下，你可能有时间来发展你的团队中一至两名很有潜力的成员。如果你有自信可以把他们培养成 A 级员工的话，他们现在还是 B 级员工也没有关系[1]；而在“整顿转向”情境下，你即刻就需要能够贡献出 A 级表现的人员。

你还应该根据员工的 STARS 经验和能力，以及他们与当前情境的匹配度而进行评估。例如，假设你正在接手一家曾经非常成功但是业绩开始下滑，而且一致性做得不好的业务。现在任命你来对它进行整顿转向。你继承的团队中可能有在“维持成功”或“重新组合”情境下表现非常好的 A 级员工，但是他们并不是你在“整顿转向”中需要的那种管理者。

把岗位的重要性考虑进来

最后，对于团队成员的评估还取决于他们的岗位有多重要。在你做出评估的时候，请记住，这不仅仅是关于员工的评估，也是关于岗位的评估[2]。所以，花一些时间来评估你的直接和非直接下属的多种岗位对你的成功来说有多重要。如果确有帮助，将这些岗位列出，并在 1—10 的分数范围内评估每一项的重要性。然后，在你评价你所继承来的团队成员时，记住这些评价结果。

这样做很重要，因为对你的团队进行改变是需要花费很多精力的。如果在一个没那么重要的岗位上你拥有的是一个 B 级员工，可能还可以接受；但如果是在一个重要岗位上，这就完全不能接受了。

评估你的员工

当你开始运用你所开发的标准和岗位重要性估值来评估每一位团队成员的时候，第一项测试是他们中是否有人达不到你的最低要求。如果达不到，开始计划替换掉他们。但是，仅仅满足最基本的要求也不意味着他们一定会被留下。继续下一步：评估他们的优势和劣势，把你为每一项标准分配的相对价值考虑进去——现在谁获得了高分，而谁没有？

尽快与你的新团队的每个成员进行一对一的会面。根据你自己的风格，这些早期的会面可以用非正式讨论、正式面谈或者二者结合等形式开展，但是你自己的准备和重点应当是标准化的：

1. 认真准备每一次会面。回顾可用的人员历史、业绩数据以及其他评价。让自己熟悉每一个人的技术性或职业性技能，这样你才能评估他在团队里发挥了怎样的职能。

2. 创立一个面谈模板。询问员工同样的问题，观察他们的回答有何不同。以下是一些示例问题：

——我们当前战略的优势和劣势是什么？

——短期内我们面临的最大挑战和机遇是什么？中期又是什么呢？

——我们可以更有效地利用哪些资源？

——我们可以怎样改善团队共同合作的方法？

——如果你处在我的位置，你的优先工作会是什么？

3. 寻找言语的和非言语的线索。注意用词、身体语言和敏感问题的选择。

——注意每个人没有说出来的是什么。这个人会主动提供信息，还是你需要去提取？这个人是否为他所在领域的问题负责，还是找借口、巧妙地把责任推给别人？

——这个人的面部表情、肢体动作和他的语言之间是否一致？

——哪些话题引发了强烈的情感回应？这些敏感问题提供了线索，帮助我们了解什么能够刺激这个人，以及什么类型的改变能够激发他。

——在这些一对一的会议之外，注意到这些人是怎样提到其他团队成员的。他们的关系看起来是亲切而富有建设性的，还是紧张和具有竞争性的？是批判性的还是有所保留？

测试他们的判断力

确保你有评估他们的判断力，而不仅仅是他们技术性的能力和基本智力。有一些非常聪明的人，业务判断力却非常糟糕，而一些能力一般的员工却具有非凡的判断力。弄清楚你需要核心员工拥有哪些知识和判断力组合，这一点非常重要。

评估判断力的一个方法就是和一个人一起工作一段较长的时间，观察他是否能够做到以下两点：①做出良好的预测；②开发避免问题的良好策略。这两种能力都要用到个人的心智模型，或确定出现的状况有何重要特征，以及将这些洞察力转化为有效行动的办法，这就是专业性判断力的内容。当然，这里的问题是，你没有太多时间，而发现某个人是否能够做出良好的预测是需要一段时间的。幸运的是，我们有一些可以加速这一进程的方法。

一个方法是在一个预计反馈会快速发生的领域内测试人员的判断力。可以用以下的办法做实验。和每个人就他们在工作之外十分热衷的一个主题进行询问和交谈。这个主题可以是政治、烹饪或者棒球，具体是什么并不重要。向他们发起进行预测的挑战："你认为谁会在辩论中表现得更好？""烘焙一个完美的起酥面包需要做些什么？""哪一支球队会赢得今晚的比赛？"逼迫他们做出承诺，而不愿意承担风险本身就是一个警告信号了。然后继续探查：为什么他们认为自己的预测是正确的？其中的理由是否说得通？如果可能的话，跟踪观察后面会发生什么。

你测试的是一个人在某个特定范围内实践他的专业判断力的能力。在某个私人领域已经成为专家的人，只要有充分的热情，很可能在他所选择的业务领域也能做到优秀。但是，不管你怎么做，关键都是要找到办法，而不是等着看人们是怎样执行这项任务，以探求专长的印记。

对团队进行整体评估

除了评估每位团队成员，还要评估整个团体是怎样运作的。使用以下的技巧可以发现团队的整体动态方面的问题：

- **研究数据**。阅读团队会议的报告和纪要。如果你所在组织开展了对各团队的风气和士气的调查，也要评估这些材料。
- **有系统地提问**。与单个团队成员会面时，询问他们同样一套问题，评估每个人的回应。他们的回答是否一致？如果是，这可能表明他们有共同认可的风格路线，但也可能意味着每个人确实拥有对于现状的相同印象。应由你来决定怎样评估你观察到的现象。这些回应是否很不一致？如果是，这个团队可能缺乏凝聚力。
- **探查团体动态**。观察早期会议中团队成员之间如何互动。你是否发现了同盟的存在、特殊态度以及领导人物的角色？在某个特定话题上谁遵循谁的意见？一个人说话的时候，其他人是翻白眼还是表达了不同意见或失望？关注这些信号，来检测你的早期洞察，并发现团队中的结盟与冲突的情况。

发展你的团队

一旦你评估了每个团队成员的能力，考虑到了职能专长、团队合作的要求、STARS 情境组合以及岗位的重要性，接下来就要弄清楚怎样才是和每个人打交道最好的方式了。在最初 30 天结束的时候，你应当能够暂时地将人员归到以下某个类别中：

- **保持位置**。这个人在他当前的岗位上表现良好。
- **保持并发展**。这个人需要发展，而且你有时间和精力来做这件事。
- **换至另一岗位**。这个人是一个强有力的执行者，但是目前的岗位不能充分发挥他的技能或个人素质。
- **替换（低优先级）**。这一员工应该被替换，但是这一情况并不紧急。
- **替换（高优先级）**。这一员工应尽快被替换。
- **留待观察**。这一员工的情况仍然存疑，你需要在做出确切判断之前了解得更多。

这些评估并不一定完全不可逆转，但是你应该对它们有 90% 以上的确信度。如果你对于某个人的判断不够确定，就把他放在“留待观察”类别中。随着时间增长，你了解得更多，还可以修改和重新提炼你的评估。

考虑替代选择

你可能忍不住马上要开始采取行动，做出高优先级人员替换决策。但是，你应当花一些时间，考虑一下替代方案。让一名员工走人可能会很困难并且耗时长久。就算他的业绩糟糕，解雇的流程也可能花费数月甚至更长时间。

此外，你是否能够替换掉某个人取决于许多因素，包括法律法规、文化习俗和政治同盟。有时候，就算某人表现得再糟糕，你也没办法换掉他。如果面临的是这种情况，你必须搞清楚怎样才是最好的解决办法。

幸运的是，你有替代选择。通常来说，一个表现不好的员工在接到你发出的清晰信息之后会自觉另谋出路。而作为一种替代选择，你可以与人力资源部门一起，将这名员工换到一个更适合的岗位上：

- **转变他的角色。**将他转到更适合他的技能的岗位上。对于一个有问题的执行者来说，这可能并不是一个永久性的解决方案，但是它能够帮助你渡过短期的难关，让你在找到合适的接替者之前保持组织的运行。
- **将他移除于主要工作之外。**如果他就是不能创造价值，或者造成了破坏性或令人沮丧的影响，那么与其让他产生毁灭性的结果，不如让他什么都不做。可以考虑大量压缩他的工作。这也能够向他发送信号，表明你对他所产生的贡献有何看法，可能会帮助他意识到最好还是走人吧。

- **把他换到组织内其他的岗位上。**帮助这名员工在整个组织的范围内找到更适合的岗位。有时候，如果处理得好，这样的行动能够帮助你、帮助这名员工以及整个组织，但是除非你确实相信这个人能够在新环境里表现得好，还是不要采用这种解决方案。如果只是把一个有问题的员工转给了别人，让别人去承担责任，这还会伤害到你的名誉。

开发后备人员

在进行长期配置的同时保证你的团队能够正常运作，你可能需要在寻找替代者时保留一个表现不佳者的位置。一旦你非常确定某个人不能胜任某项工作了，你要开始小心地寻找继任者。对团队中的其他人以及组织中其他部门的人进行评估，寻找有潜力担任更重要角色的人。你可以采用越级会谈和常规汇报会议的形式来评估人才库，请人力资源部门来发起一个搜索行动。

尊重他人

在团队发展的每个阶段，都要尽力尊重你的员工。就算你所在组织里的人一致认为某个人应当被替换，如果他们认为你采取的行动不够公平，你的名誉也会受到损害。要尽可能向大家展示出你在评估团队成员的能力以及工作岗位和个人之间的契合度时态度谨慎。你的直接下属会根据你怎样管理这部分的工作而形成对你的长久印象。

使团队保持一致

在团队中拥有合适的人非常重要，但是这还不够。为了实现你们认定的优先工作，保障早期成功，你需要确定每一个团队成员怎样才能最好地支持这些关键目标。这一过程需要把大目标分解成各个部分，和你的团队一起，为每个要素分配责任。然后让每个人负责管理他的目标。怎样才能够鼓励问责制呢？

如图 7–2 所示，“推”和“拉”工具的混合对于使团队实现一致并产生动力最为有效。“推的工具”，比如目标、业绩衡量制度以及激励政策，通过权威、忠诚、恐惧以及对奖励的期待而推动员工追求工作上的生产力。“拉的工具”，比如一个有说服力的愿景，能够通过激发人们去想象一个积极且令人兴奋的未来从而起到鼓舞人心的作用。

如何混合使用“推”“拉”工具取决于你对团队成员所偏好的鼓励方式的评估。精力充沛、积极进取的员工可能会对“拉的工具”反应更为热烈；而对于那些更注重方法和不愿承担风险的人，“推的工具”可能会产生更多的效力。

恰当的混合还取决于你面临的 STARS 情境。“整顿转向”情境通常提供了大量“推的工具”。问题会告诉人们需要做出改变。但是，在“重新组合”情境下，创立一种紧迫感可能会带来很大挑战。这时，应该将更多的精力放在方程式的“拉”这一边，比如，提供一个具有说服力的、关于组织未来的清晰愿景。

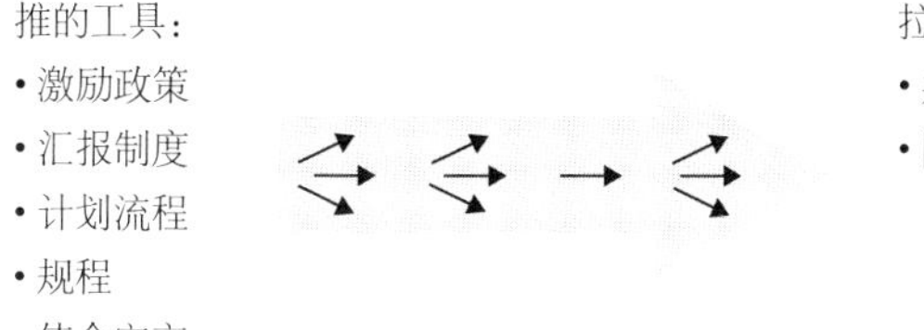

图 7-2　使用推拉工具来激励员工

明确目标和业绩指标

在“推”这一方面，建立并且坚持明确和具体的业绩指标是鼓励问责制的最好方式。你所选择的业绩衡量方法要能让你尽可能清楚地了解一个团队成员是否完成了他的目标。

避免设立含糊不清的目标，比如“提升销售额”或者“减少产品开发时间”；相反，要设立明确的、可以用来量化的目标，比如“将产品 × 的销售额在今年第四季度时增加 15%—30%”“在未来两年内将生产线 × 上的产品开发时间从 12 个月减少到 6 个月”。

保持激励政策的一致性

你需要问自己的一个底线问题就是，怎样才能最好地激励团队成员实现目标？你应该采用哪些金钱或非金钱的奖励手段？

基于个人表现还是团队业绩进行奖励同等重要。这一决定与你对于自己是否真的需要团队合作的评估相关。如果需要，就把更多的重点放在团队奖励上；如果有一个高业绩团队就够了，就把更多的重点放在个人表现上。

实现恰当的平衡非常重要。如果你的直接下属实质上是独立的，团体的成功主要取决于个人成就，你就不需要推广团队合作，而应当考虑个人激励制度；如果成功很大程度上取决于你的直接下属之间的合作，以及他们专长的整合，真正的团队合作就至关重要，你应当采用团体目标和激励政策来实现一致性。

通常，你会需要同时拥有个人（当你的直接下属承担独立工作时）和团队（当他们承担互相依赖的工作时）杰出表现的激励政策。合适的比例取决于独立和相互衔接的工作对于你所在组织的整体成功来说的相对重要性（参见“激励方程式”文本框）。

激励方程式

激励方程式明确了激励方法的组合，你可以运用它来激发期望的业绩。以下是基本公式：

总奖励 = 非金钱奖励 + 金钱奖励

非金钱奖励和金钱奖励的各自比例取决于两点：①非金钱奖励的可用性，比如晋升和赞誉；②相关员工对其重要性的认知。

金钱奖励 = 固定报酬 + 基于业绩的报酬

固定和基于业绩的报酬各自的规模也取决于两点：①员工贡献的可观察和可衡量程度；②业绩和成果之间的时间间隔。贡献的可观察和可衡量度越低，时间间隔越长，你就应当越依赖于固定报酬。

基于业绩的补偿 = 基于个人业绩的补偿 + 基于团体业绩的补偿

基于个人和团体业绩的相对规模取决于贡献的相互依存程度。如果卓越的业绩来自独立工作的总和，个人业绩就应当得到奖励（比如在一个销售团队中）；如果团体合作和整合是至关重要的，那么基于团体的激励措施应当有更大的权重（比如在一个新产品开发团队中）。请注意基于团体的激励措施可能有几个层次，包括团队、组织和公司整体。

设计激励制度是一个挑战，但是激励政策的不一致性可能带来巨大的危险。你需要你的直接下属来当你的代理人，不管他们承担的是个人责任还是集体任务。当你需要团队合作的时候，你不会希望你的激励政策却让他们去追求个人目标，反之亦然。

明确表达你的愿景

当你在修正团队一致性的时候，不要忘记组织的愿景。毕竟，这一愿景才是你和你的团队每天一起工作的关键原因。

一个振奋人心的愿景具有以下属性：

- **它挖掘到了振奋人心的来源。**它建立在固有的动机基础之上，比如团队合作和对社会的贡献。例如，一家医疗设备公司将“重建运动的快乐”作为它的愿景宣言，附以受伤的运动员能够再次投入赛场、爷爷奶奶能够再次抱住自己孙辈的故事。
- **个人和团体的业绩报酬的各自规模取决于贡献相互依存的程度。**如果卓越的业绩表现来自独立工作的综合，那么个人的业绩应当得到奖励（例如一个销售团队中的情况）；如果团体的合作和融合是最关键的，那么基于团体的激励政策应该享有更大的权重（例如在一个新产品开发团队中）。请注意，基于团体的激励政策可能有几个层次，包括团队、组织和整个公司。
- **它让人们成为“故事”的一部分。**最好的愿景宣言将人们与一个更大的故事联系起来，比如，重新夺回组织过去的荣光。
- **它包含鼓动性的语言。**愿景必须生动地描述组织将要实现什么，以及实现之后会有怎样的感受。在 10 年内发射 12 艘火箭是一个目标，而在 10 年后将一个人送上月球并成功返回地球，对约翰 · 肯尼迪总统所说，是一个愿景。

使用表 7–2 中的各个类别来帮助你制定你们的共同愿景。要不断地问自己，人们为什么会受到鼓舞，并愿意做出更多的努力去实现我们确定的目标呢？

表 7–2 愿景宣言的鼓舞

感觉坚定? • 对一个理想的执著 • 为了实现理想的牺牲	**实现伟大的成果?** • 追求卓越、质量和持续的改善 • 提供挑战性的机遇
做出贡献? • 为客户和供应商提供服务 • 创造一个更好的社会和更好的世界	**成为团队的一部分?** • 团队合作以及对于团队利益的持续关心 • 一种强调团体中个人奖励的风气
提倡个人成长? • 对个人的尊重，消除剥削性和屈尊俯就的行为 • 为员工提供实现潜能的手段	**拥有对于命运的掌控感?** • 追求占据优势和控制地位 • 奖励、认可和地位——针对个人以及组织
将信任和诚信具体化? • 高尚诚实的行为 • 公平	

在你努力创造和传达一个共同愿景的时候，请记住以下这些原则：

- **运用磋商来获得承诺。**你要清楚你的愿景的哪些要素是不可谈判的，但是在这之外，要有足够的灵活性，能够考虑其他人的想法，允许他们对共同愿景有所建议和影响。这样的话，他们会分享对于愿景的所有权。只要经过良好设计，“岗外会议”可以是创造和产生对于一个共同愿景承诺的好办法（参见“岗外会议规划清单”文本框）。

岗外会议规划清单

在你安排和新团队的岗外会议之前，你必须明确这样做的原因。你想通过这些会议实现什么？召开岗外会议至少有六大原因：

- 为了取得对于业务的共同理解（关注诊断问题）；
- 为了明确愿景，并创立战略（关注战略）；
- 为了改变团队共同工作的方式（关于团队流程）；
- 为了建立或改变团体中的关系（关注关系）；
- 为了制订一个计划并致力于实现它（关注计划）；
- 为了处理争端并协商一致（关注解决争端）。

着手处理细节

如果你的团队确实需要一次岗外会议，你就要开始基于以下这些问题考虑这次会议的后勤工作：

- 会议将于何时、何地召开？
- 会议将会处理哪些问题？处理的顺序如何？
- 谁将担任协调人？

不要忽视协调的问题。如果你是一名成熟的协调人，而且团队成员尊重你，你也没有陷入争端之中，你就可以既做领导者，也做协调人；如果不是，你最好引入一位熟练的外部人士，他可以是你正在处理的问题领域的专家，也可以是对团队流程非常熟练的人。

避免掉入陷阱

不要尝试在一次岗外会议里讨论过多的议题。你不太可能在一两天里实现超过两个之前提到的目标。所以，你应当只把一小部分问题作为目标，并且保持专注。

不要本末倒置。在没有建立恰当的基础之前不要确定愿景、创造战略。这个恰当的基础指的是对于业务环境（关注诊断问题）以及工作场所的关系（关注关系）的共同理解。

- **通过故事和比喻来传达**。故事和比喻是传达愿景的有效方法。寓言故事有着令人惊讶的力量。最好的那些故事将核心价值具体化，还为你想要鼓励的那些行为提供了模板。
- **不断巩固**。关于说服性沟通的研究非常强调重复的力量。如果愿景中的一些核心主题能被不断重复，直到它们被完全理解，这一愿景就很可能扎根在了人们的心中。但即使人们已经开始理解你想传达的信息了，你也不应停下来，而要通过不断地重复来加深人们对于这一愿景的忠诚度。
- **建立传达愿景的渠道**。你不可能直接向组织里的每一个人传达你的愿景。这意味着除了在顶层团队这样的小团体中开展行动，你还必须发挥远程说服的效力。你要建立沟通渠道，运用它们在更广范围内传播你的愿景。

最后，尤为重要的是，注意去实践你所表达的愿景。如果愿景因为你或者你的团队成员不一致的领导行为而受到削减，那还不如没有愿景。务必保证你做好了准备会说到、做到。

领导你的团队

你在评估、发展团队成员和调整团队一致性的同时，还要想一想每天、每周的日常工作中应该怎样与团队成员共处。你将会使用什么流程来塑造团队完成集体任务的方式？各个团队在如何应对会议、做出决策、解决争端和分割责任与任务方面差别巨大。如果你想要引入新的办事方法，注意不要突然仓促地行动。首先，在入职之前要充分了解你的团队的工作方式，以及团队流程的效力如何。之后，你可以保留运行良好的部分，改变运行不佳的内容。

评估团队的现有流程

你怎样才能快速掌握团队的现有流程？方法是：与团队成员、同事以及你的上司讨论团队的工作方式，阅读会议纪要和团队报告，同时要探查以下这些问题的答案：

- **参与者的角色**。谁在关键问题上表现出了最大的影响力？有人扮演“魔鬼代言人”（故意持相反意见的人）吗？是否存在变革者？是否有避免不确定性的人？谁说话的时候其他人听得最专心？谁是和事佬，谁又是煽动者？

- **团队会议**。你的团队会面的频率如何？哪些人会参与？谁来制定会议的日程？
- **决策**。由谁来做什么类型的决策？做决策时要咨询谁？谁是在决策做出之后才知道的人？
- **领导风格**。你的前任偏好怎样的领导风格？他喜欢怎样了解、沟通、激励和处理决策？你的前任领导风格和你比较起来怎么样？如果风格显著不同，你将怎样处理这些不同对你的团队可能带来的影响？

将团队流程作为改革目标

一旦掌握了你的团队在过去是怎样运作的信息，以及哪些方面运作得好、哪些方面不好，你就可以建立自己认为必需的新流程了。例如，许多领导者断定他们的团队会议和决策流程修改之后会更好。如果你也处于这种情况中，请用具体的语言讲清楚你想要哪些改变？团队多久开一次会？哪些人要参加哪些会议？会议日程会怎样确立、怎样传达？建立清晰有效的流程来帮助你的团队联合起来，并保障团体的早期成功。

变更参与者

一个常见的团队功能失效情况，同时也是一个非常好的释放改变即将发生信号的机会，就是关于谁将参与核心团队会议的问题。在有些组织里，关键会议包容性太强，太多人参与到了讨论和决策过程中。如果你面临这样的情况，可以尝试削减核心团队的规模，简化会议，发送出你重视效率的信息。在其他一些组织中，关键会议则排他性过强，那些可能持有重要意见和信息的人也从制度上被排除在参与人员之外。如果这是你面临的问题，你可以果断地扩大参与度，发送出你不会厚此薄彼或者只听从一小部分观点的信号。

引领决策

决策是另一块大有可为的领域。很少有领导者能在引领团队决策方面做得很好。在某种程度上，这是因为不同类别的决策需要不同的决策流程，但大部分团队领导者都固守一种方法。他们这样做是因为他们以这样的风格行事会比较自在，也因为他们认为需要保持一致性，不然就可能会让自己的直接下属感到困惑。

研究表明，这是一个错误的判断[3]。问题的关键在于要有一个框架，能够理解和表达为什么不同的决策应该通过不同的方式来进行。

思考一下团队可以用来做决策的不同方式。可能的方法从一端的单边决策，到另一端的一致同意，可以在一个光谱上排列出来。在单边决策中，领导者做出决定，要么是不经过咨询，要么是经过与私人顾问的有限咨询。这种方式的问题非常明显：你可能错过关键的信息和见解，而且实施的时候只是得到冷淡的支持。

在另外一个极端，要求相当一部分人全体一致的流程可能会受到决策分散的影响。这个流程不断持续再持续，永远没有结束。或者就算做出了决定，也是一个“最小公分母”式的妥协。在任何一种情况下，关键的机会和威胁都没有得到有效的应对。

在这两个极端之间，是大部分领导者使用的决策流程：先协商和决策，然后再去建立共识。当领导者从直接下属那里通过个别地或者团体地交流寻求信息和建议，却保留了做出最终决断的权力时，他使用的就是这种“协商和决策”的办法。

实际上他将“信息收集和分析”流程与“评估和达成结论”流程分隔开来，利用了团体一方面的功能却放弃了另一方面。

在建立共识的过程中，领导者在任何一个决策中同时追求信息和分析，并且寻求来自团体的建议。这里的目标不是完全的一致而是充分的一致。这是指团体中的大部分人认为决策是正确的，而且重要的是，其他人也认为他们能够接受并且支持这一决策的实施。

为什么你会选择这一流程而不选择另外一个？答案不是“如果我有时间压力，我会采用协商和决策流程”，为什么？因为尽管你可能通过协商和决策的方式更快地做出了决定，你却不一定能更快实现你想要的结果。实际上，你可能会在这之后花费很多的时间来推广这个决定，或者发现人们实施它时并不积极，所以你要去向他们施压。那些受“必须行动”情绪困扰的人最有可能犯这种错误。他们想要通过做决定达成定论，但是可能在这一过程中伤害到他们的最终目标。

以下的经验法则可以帮助你弄清楚应该使用哪种决策流程：

- 如果决策流程可能造成很大的分裂，使团队分成胜者和败者，那么最好使用协商和决策流程，并进行主导。建立共识的流程不能够达成一个良好的结果，会让每个人在流程中都互相指责。也就是说，关于在一个团队之中分担失败或痛苦的决定最好由领导者做出。
- 如果决策实施时需要那些你无法充分观察和控制业绩的人的强力支持，那么通常要使用建立共识流程。使用协商和决策流程可以让你更快地做出决定，但得不到想要的最终结果。
- 如果你的团队成员没有经验，在对团队进行评估并且开发他们的能力之前，你最好依靠协商和决策流程。如果你尝试在一个经验不足的团队里采用建立共识流程，你可能会非常失望，然后把一个决定强加给他们，这会伤害到团队合作。
- 如果你负责的团队需要你建立起自己的权威（比如说管理自己以前的同事），那么你最好依靠协商和决策流程来做出早期的关键决定。一旦人们看到你有做出艰难决定的洞察力之后，你可以放松一些，更加依靠建立共识的流程。

你的决策方法还会根据你所面临的STARS情境而有所不同。在“初创启动”和“整顿转向”情境下，协商和决策流程通常会发挥良好的作用。因为这时的问题更为技术性（市场、产品、技术），而不是文化或政治性的。同样，人们可能也渴望“强有力”的领导，这通常也是与协商和决策风格相联系的。相反地，在“重新组合”和“维持成功”情境下，为了发挥效力，领导者通常需要应对强大、完整的团队，并且遭遇文化和政治性问题。这些类型的问题通常在建立共识方法下能够得到比较好的解决。

为了根据决策的性质而改变决策的方法，你有时必须抑制你的自然倾向。你可能偏好于协商和决策或者建立共识流程。但是偏好不等于注定的选择。如果你是一个协商和决策类型的人，你应当考虑在恰当的情境下尝试建立（充分）共识；如果你是一个建立共识类型的人，你也应该在合适的时候采用协商和决策的方法。

为了避免混乱，可以考虑向你的直接下属解释你正在使用哪种流程以及为什么使用这种流程。更为重要的是，要尝试以公平的方式推进这一流程[4]。就算员工不同意最终的决策，如果他们认为自己的观点和利益被考虑到、被认真对待了，也感觉到你以一种貌似可信的论据解释了为什么做出这样的决定，他们通常也会支持你的。这里的推论就是，不要陷入建立共识的迷雾中，尝试去为一个已经做出的决定寻求支持。这基本上糊弄不了任何人，只会带来冷嘲热讽或对决策实施的伤害。这时只要你使用协商和决策流程就好。

最后，随着对于员工的利益和位置有了更深入的洞察，你通常可以在建立共识与协商和决策模式之间转换。例如，可以从建立共识模式开始，但保留在流程变得区分性过强时转换到协商和决策模式的权利；也可以从协商和决策模式开始，如果出现积极的实施变得重要、一致性可能达成的情况，再转换成建立共识模式。

适应虚拟团队

最后，如果你的团队成员中的一些或全部人都在远距离的地方工作，你应当怎样修改你的团队组建方法？在虚拟团队中获得并保持凝聚力是一个很大的挑战。这也使评估团队成员更为困难，特别是如果早期的面对面会议也没法实现的话。尽管大部分的有效团队合作原则适用于虚拟团队，但是还需要考虑一些额外的问题：

- **如果可能的话，尽早把团队聚在一起。**支持虚拟互动的技术手段不断在进步。但是，如果工作需要真正的团队合作，把员工聚在一起，建立共同的知识、关系、一致性和相互承诺的基础仍然是不可替代的。
- **建立沟通的清晰规范。**这包括将使用哪些沟通渠道，以及怎么应用这些渠道。这还意味着建立关于响应性的明确协议，比如，紧急信息在特定时间内必须回复。通常关于员工在虚拟会议中如何互动也应该有明确的规范，比如，比面对面会议时更少地打断他人，但在传达观点方面更高效。
- **明确确定团队的支持性角色。**虚拟团队在捕获和分享信息以及履行承诺方面应该有更强的纪律性。这通常有助于把团队支持性角色分配给员工（可能轮流担任），比如书记员和日程制定员。

- **创造一个团队互动的节奏。**同地协作的团队自然地建立起了互动的模式和惯例，这可以是像同时到达办公室或者在喝咖啡时进行讨论这样简单的事；而虚拟团队，特别是那些在不同时区工作的团队，缺乏这种机会。因此，提供大量的结构让虚拟团队进行活动非常重要，例如，设立会议时间、遵循特定的日程。
- **不要忘记庆祝胜利。**虚拟团队的成员很容易就会感受到不连通性，特别是如果团队的大部分人都在一个地方而只有小部分在远距离外工作时更容易这样。偶尔停下来认可和庆祝胜利一直都非常重要，而对于虚拟团队来说则是至关重要的。

小结

你做出的关于所继承团队的决定可能会是你最重要的决定。做得好，你评估、发展、调整一致性和领导团队的努力都会在员工为实现目标和保障早期成功的专注和能量中得到收益性回报。当你的团队所创造的价值超过了你投入团队中的价值时，就到达了损益平衡点，也会知道自己已经成功建立了自己的团队。实现这一目标需要一定的时间，你必须在发动引擎之前充好电。

组建团队清单

1. 评估自己团队成员的业绩时你有什么标准？它们的各自权重

是怎样受到职能、所需团队合作的程度、STARS 情境组合以及岗位的重要性影响的？

2. 你将怎样评估你的团队？

3. 你需要做出哪些人事变动？哪些变动很紧迫，哪些还可以等待？你将会怎样建立后备方案和选择？

4. 你将会怎样做出高优先级的改变？为了保护受影响员工的尊严，你可以做哪些工作？在重组流程中，你需要团队提供哪些帮助？你将在哪里寻求这些帮助？

5. 你将会怎样实现团队的一致性？你将会使用哪些“推”（目标和激励政策）“拉”（共同愿景）工具？

6. 你希望你的新团队怎样运作？你希望员工扮演怎样的角色？你想要压缩核心团队还是扩张它？你计划怎样制订管理决策？

第八章　创立同盟

在 MedDev（一家医疗器械公司）的新岗位上入职 4 个月后，亚莉克希亚·别连科已经对公司总部的官僚化操纵而深感失望。她很疑惑：“到底应该去哪里寻求对必须改变的支持？”

作为一名资深销售和市场专家，在 MedDev 这家国际化的医疗器械公司中，亚莉克希亚从区域管理队伍中逐步晋升，一直做到了公司在她的祖国俄罗斯的总经理（也被非正式地称为“区域经理”）。

高级领导者认可亚莉克希亚的潜力，并断定她需要地区经历，所以任命她为 EMEA（欧洲、中东和非洲）地区的市场营销副总裁。在这一新岗位上，亚莉克希亚要负责该地区内 MedDev 国家运营的营销战略。亚莉克希亚直接向位于美国总部的公司市场营销高级副总裁马乔里·亚伦汇报，和她的前任上司哈罗德·贾格尔也保有直接的汇报关系——贾格尔是负责 EMEA 运营的国际副总裁，该地区所有的总经理都要向他汇报。

像以前一样，亚莉克希亚充满热情地投入到工作中。她对当前的事务进行了彻底的审查，也和EMEA地区的总经理以及她的前任上司进行了一对一的谈话。她还专门去美国与马乔里以及马乔里的几个直接下属会面。结合了自己在这一领域的过往经历，亚莉克希亚对这些讨论进行了思考，并断定，目前最紧迫的问题，就存在于怎样更好地管理新产品发布过程中市场营销决策时集权和分权之间的紧张关系。亚莉克希亚做了一个企划案，概述了她对于在某些领域（例如与整体品牌身份和定位相关的决策）提升标准化，而在其他领域（比如对广告推销计划做重要调整）给予总经理们灵活性的评估和建议。

马乔里和哈罗德看到了亚莉克希亚工作方法中的优点，但是他们都没准备好做出承诺。两人都引导她向关键利益相关方介绍情况。这些利益相关方是MedDev在美国的企业营销高管和EMEA地区的区域经理。

六周的时间以及许多混杂的会议之后，亚莉克希亚感到自己像是陷入了流沙之中。她安排了与企业营销团队重要成员的会面，其中包括大卫·华莱士，他是向马乔里·亚伦汇报的负责全球品牌推广的高管。然后她飞到了美国，向一个超过30人的团队进行陈述。事实上他们每个人都提出了建议，所有的建议都指向更为集中的控制，而不是分权。

她感到很惊讶，和EMEA地区区域经理的会议情况也好不到哪儿去，这些经理都是她的前同事们，他们向哈罗德·贾格尔汇报。他们非常高兴地接受了亚莉克希亚提出的任何关于给予他们更多灵活性的想法。但当提到对自主权的更多限制时，团体成员迅速抱团。一位德高望重的总经理罗尔夫·艾克里德表达了他的担忧，他担心他们将会获得的灵活性不足以弥补放弃掉的东西，而公司并不会真的履行协议。他说："我们之前也被许诺将会获得更多的灵活性，但最后并没有兑现。"

通常不出差错的亚莉克希亚被形势的变化打乱了步伐。她感到疑惑，不知道自己是否有耐心和策略来驾驭这一新的地区岗位的政治环境。

为了在新岗位上取得成功，你需要获得那些你对他们没有直接权威的人的支持。最初你可能几乎或者完全没有关系资本，特别是当你从外部进入一家新组织的时候。你必须投入大量精力建立新的关系网。早点儿行动。训导你自己去投资建立和你预期之后要共事的人之间的"人脉存折"。认真地思考是不是还有你没见过、但是可能对你的成功至关重要的人。

同样，还要意识到你的新岗位可能带来和你之前经历非常不一样的挑战。亚莉克希亚习惯了在大量的职位权威下运营，以及拥有一个直接向她汇报的团队。她没有及时认识到，她现在要以不同的方式发挥影响——通过说服力和建立同盟，而不是她以往的方式。

就算你在新岗位上有显著的职务权威，你也要关注于为你的早期成功目标建立起各方支持。这意味着弄清楚你必须影响哪些人，准确定位谁可能会支持（和谁可能会抵制）你的关键提议，并且说服中间选民。进行这些工作的计划应该是整个 90 天计划中不可或缺的部分。

明确你的影响目标

第一步是要明确为什么你需要他人的支持。首先思考为了保障早期成功而需要建立的同盟。对于其中的哪些成功，你需要争取那些你对他们没有权威的人的支持？在对需要努力达成的目标有了清楚的认识之后，你可以深度探讨并弄清谁的支持是至关重要的，以及你将怎样保障这样的支持。可以考虑为你的每一个早期成功项目建立一个同盟创建计划。

亚莉克希亚的主要目标是在她的新旧上司和他们各自的组织之间，关于 EMEA 地区重要的市场营销决策的方式谈判达成一个新的协议（“大交易”）。这一现状反映了双方之间一种长期存在的妥协。这是一种不稳定的平衡，但也还算稳定。企业营销组织自然地会喜欢更多的集权和标准化；而 EMEA 地区的总经理们则想要更多的本地化。这其中的启示是，如果达成协议的话，这份协议会包括双方都能够支持的一系列交易。

为了保护这样一个协议，亚莉克希亚需要在两边都建立支持性的同盟。她不太可能实现全体一致，因为肯定有人会在现状中有太多的既得利益。所以她应当关注在公司和地区组织中都获得对这一协议绝大部分人的支持。

如果亚莉克希亚从一开始就懂得了这一点，她可能会将早期的工作重点放在别的地方，不仅仅是诊断问题和提出理性解决方案，还包括理解她的目标怎样融入大西洋两岸更广阔的政治图景。她不会假设说自己的业务企划案优势明显，也不会觉得必须要赢得每一个利益相关者的支持。

相反，她应当确定需要建立的具体同盟，然后弄清怎样在组织中展现出必要的影响力。绘制影响力版图还可能帮助她确定潜在的阻碍：什么或者谁可能会站在中间、阻止她获取自己方向上的支持？她怎样让反对者最终同意她的方案？

理解影响力版图

明确了你为什么需要影响他人之后，下一步就是确定谁对你的成功来说最为重要。谁是关键的决策者？你需要他们做什么？你需要他们什么时候去做？表 8–1 提供了一个简单的获取这些信息的工具。可以考虑为你追求的每一个早期成功项目建立这样一张表。

表 8–1　明确有影响力的行为人

谁	什么	何时

通过确定有影响力的行为人来开始绘制你的影响力版图，你需要他们做什么，你需要他们什么时候做。

成功同盟和阻碍同盟

接下来，针对每一个早期成功项目，问一问自己哪些决策者对于推动事情向前发展是至关重要的。这些人一起形成了你的“成功同盟”，也就是有力量来支持你实现目标的一批人[1]。例如，亚莉克希亚需要确保公司这边马乔里对她提议的认可，以及EMEA这边来自哈罗德的支持。他们就是亚莉克希亚需要建立的成功同盟。

仔细思考潜在的“阻碍同盟”也会有所帮助——这些人加起来拥有对你说“不”的权力。哪些人可能会聚在一起尝试阻止你实现目标？为什么？他们可能会怎样妨碍这一流程？如果能够意识到反对力量可能来自哪里，你可以采取行动来中和它。

绘制影响力网络

高级决策者往往在很大程度上受到他们非常依赖的人士的想法影响。所以下一步是要绘制出影响力的网络，阐明在与你相关的问题上，谁影响了谁。影响力网络在决定最终改变是否会发生上具有重大作用。正式权威绝不是组织中唯一的权力来源。面对重要问题和决策时，人们会趋向于听从他人的意见。比如，马乔里可能听从大卫关于不断增长的本地客户化对于品牌形象影响的评估；同样，哈罗德可能会听从罗尔夫的意见，因为他获得了同事们的尊重，也代表着他的同事们。

影响力网络是沟通和说服的渠道，它们和正式结构一起运行，像一个影子组织[2]。有时候这些非正式的渠道为正式组织想要做的事提供支持；另外一些情况下，它们则会产生破坏作用。为了实现她的具体目标，亚莉克希亚必须绘制出在公司营销部门内部，以及她在EMEA地区组织的老同事们之间的影响力网络。

应该怎样绘制影响力网络呢？在某种程度上，通过与同事一起工作这样的方式你越来越了解你的组织，这样的网络会变得清晰起来。但是你可以加速这一进程。一个好的开始是确定你的组织和其他人之间的关键联系点。业务之内和之外的客户和供应商是建立同盟的天然中心。

另外一个策略是请你的上司帮你建立和关键利益相关者的联系。请上司给你一个他认为团队之外你应该认识的关键人士名单表，然后发起和这些人的早期会面（本着角色转换黄金法则的精神，当你有新直接下属入职的时候，考虑主动做同样的事情：为他们建立优先关系名单，帮助他们建立联系）。

还要注意仔细观察会议和其他互动活动中，谁在什么关键问题上听从谁的意见；注意人们会去向谁寻求建议和见解，谁分享了什么信息和新闻。在讨论特定话题的时候，谁听从了谁的意见；当一个问题被提出时，大家的眼神轨迹如何。

随着你了解得增多，你可以尝试确定某些人在组织中影响力的来源。以下为相关例子：

- 专长；

- 对信息的控制；
- 与他人的联系；
- 可以接触到的资源，比如预算和奖励；
- 个人忠诚。

随着时间的流逝，影响力的模式会变得清晰，你也能够确定那些至关重要的个人——意见领袖，他们因为非正式权威、专长或是纯粹的人格魄力展现了超比例的影响力。如果你说服了他们，更广范围的人可能会随之接受你的想法。

你还会开始识别“权力联盟”：为了追求特定目标或保护某些特权而明确或暗中长期合作的团体。弄清楚他们的目标，将他们的目标和你的相连可能是建立支持的有力方式，只要你最后不会稀释你的努力或是陷入可能伤害你的政治阴谋中。

画出影响力图表

根据你对影响力模式的了解画出影响力图表会为你带来很多启发。下图是根据亚莉克希亚的情况绘画的图表。

中心圈代表关键决策者——公司营销部门的马乔里和负责EMEA 运营的哈罗德。亚莉克希亚需要他们双方都同意她提出的一系列改变，所以他们一起组成了她的成功同盟。但是，正如图中的箭头所示，这两位高管可能受到他们各自组织内部其他人的影响（更粗的箭头表示更大程度的影响）。马乔里可能受到她的全球品牌副总裁

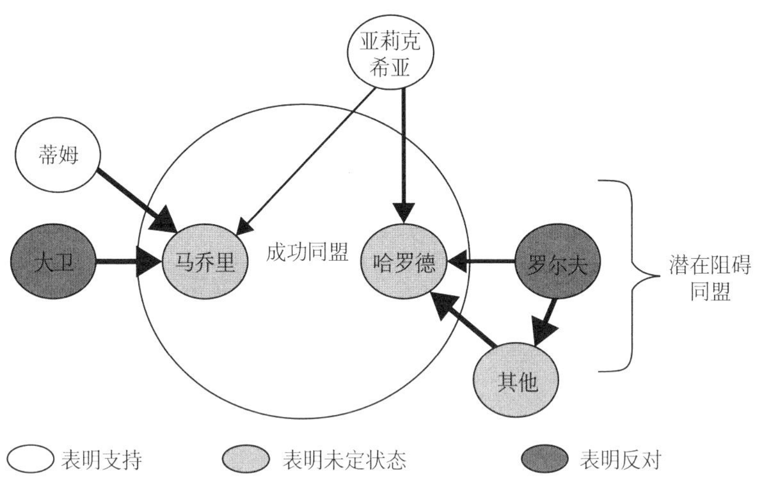

图 8–1　亚莉克希亚的影响力图表

这一图表展示了关键的影响力关系，这些关系将会影响亚莉克希亚·别连科如何针对她在组织中想要解决的问题做出决策。

大卫以及企业战略团队副总裁蒂姆·马歇尔的强力影响。哈罗德可能会受到北欧各国的区域总经理的集体影响，这不仅会高度影响哈罗德的观点，还会影响其他的总经理。这张图还展示了亚莉克希亚自己也会对哈罗德有显著影响、对马乔里有一定影响。

弄清支持者、反对者和可以被说服者

绘制你所在组织的影响力网络还能帮助你准确定位潜在的支持者、反对者和可以被说服者。为了确定你潜在的支持者，首先请寻找以下人士：

- 对未来和你拥有同样愿景的人。如果你看到了改变的需求，寻找那些在过去推动过类似改变的人。
- 那些一直在静静地小规模推动改变的人，比如说发现了能够显著减少浪费的创新方法的工程师。
- 刚进入公司，还没有适应公司运营模式和文化的人。

不管这些支持者为什么支持你，都不要把他们的支持当成理所当然的。仅仅是识别支持者远远不够，你还需要团结和培育他们，所以不要忘记向已持有相同观点的人做宣传。务必让支持者发挥“力量倍增器”的作用，帮助你影响他人，向他人传达为什么要这样做的最具说服力的论点。

在你寻找支持的时候，一定要确定那些你可以和他们建立便利同盟的人。有一些人可能在许多领域都和你持有不同意见，但是在你关心的某个具体问题上能够达成一致。在这种情况下，好好思考如何争取和招揽他们。

其次就是反对者了。真正的敌对者不管你做什么都会反对你。他们可能认为你对现状的评估有误，或者他们有其他的原因要抵制你的目标：

- **满意现状**。他们抵制那些可能伤害他们当前位置或改变现有关系的变化。
- **害怕不能胜任**。他们害怕如果自己难以适应你所提出的改变会显得无能，之后又表现不佳。

- **对核心价值观的威胁。**他们认为你所提倡的文化摈弃了传统的价值定义或者鼓励了不恰当的行为。
- **威胁他们的权力。**他们害怕你所建议的改变（例如将更多决策权给一线管理者）会使他们丧失权力。
- **对盟友的负面后果。**他们害怕你的目标可能对其他他们在意或认为应该负责的人有负面作用。

但是，要注意不要去假设他人是敌对者。当你遭遇抵制的时候，在给他人贴上“无法和解的反对者”标签之前，先去探查背后的原因。理解抵制者背后的动机能够帮助你反击他们的论点。比如，你可以通过帮助他们开发新的技能，克服他们在新环境中显得无能这种恐惧。

还要记住，赢得敌对者的支持可以产生非常有利的、象征性的影响。“敌人变成盟友”是一个强有力的故事，能够让组织里的其他人产生共鸣（另外一个例子是救赎的故事，比如帮助一个边缘化或者被认为是没有效力的人证明自己）。

还有一些人和你关系良好，在许多问题上意见一致，但在特定目标上不能协调。这是一种特殊的反对等级，这里的关键就是要在保留这种关系的同时，推动事情在所需的方向前进。看一看你是否能够解释清楚你需要做什么以及为什么这样做，方法是引入建设性的问题解决方案，还可以通过在其他问题上帮助他们或以后再还人情而弥补他们的损失。

最后，不要忘记可以被说服的人。组织中的这些人漠不关心，或者未做决定，又或者对你的计划不负责任，但是也可能被说服。如果你找到影响他们的办法，他们也可以支持你。一旦你识别了这一部分人，就要弄清楚为什么他们不愿意负责任。他们可能会：

- **漠不关心**。有许多方法都可以通过支持他们的目标而换来他们对你的目标的支持。
- **尚未决定**。弄清楚为什么，采取行动，教育和说服他们。
- **成为墙头草**。你需要说服他们事情会朝着你的方向发展，这样的话他们就会见风使舵了。

你对于支持和反对的评估可以在你的影响力图表中进行总结，如“亚莉克希亚的影响力图表”所示。更深色的圆圈表示反对者，浅灰色意味着他们是支持者，中间的灰色表示他们尚未决定（你也可以用绿色—黄色—红色来标示）。在亚莉克希亚的情况中，公司这一边，蒂姆是支持的，而大卫尚未决定；在 EMEA 这一边，罗尔夫有点儿反对亚莉克希亚提出的改变。要再次注意，为了达成交易，她必须争取两边绝大部分人的支持。

明确关键人物

既然已经分析了你所在组织的影响力网络，明确了同盟，也标出了支持和反对意见，下一步就是要关注你需要去影响的关键人物。

在亚莉克希亚的案例中，他们是大卫和罗尔夫。

首先，评估他们的内在动机。人们受到很多事情的驱动，比如，对认可、控制、权力、与同事之间的友好关系以及个人成长的需求[3]。这些因素的相对权重可能差别很大，所以要花一些时间来弄清楚是什么让这些关键人物摇摆。如果可以直接与他们进行对话，你需要询问问题并积极聆听，尤其要去尝试理解潜在的反对者罗尔夫在反对什么、为什么反对。你现在知道了他们的动机是什么，那么他们是不是尽力在避免某些具体的失败呢？你是否可以为他们提供一些东西，作为对他们的补偿呢？

理解他人的动机只是部分的解决方案。其次，你还需要评估“情境压力”：因为他们身处的情境而对他们产生作用的推动力和约束力。推动力推动人们在你希望的方向上前进，约束力则是他们为什么会反对的情境原因。有很多很好的社会心理学研究表明，我们高估了在人们为什么这样去做的原因中个性的影响，而低估了情境压力的影响[4]。罗尔夫的反对可能植根于内在缺乏弹性以及对于保留权利和地位的需求，或是对于情境压力的响应，这些压力有他的业务目标和激励政策，或者他的同事的看法（或者这些的结合）。所以你要花一些时间来思考你想要影响的人受到了什么力量的作用，然后找到办法增加推动力，移除约束力。

最后，想一想关键人物是怎么看待他们的替代或选择的。他们认为自己有哪些选择？这里的关键是要评估像罗尔夫这样的反对者是否认为或明或暗的抵制能够成功维持现状。如果是，那么非常重要的一点是说服他们现状已经改变了。一旦人们意识到改变将要发生，博弈的重点可能会从完全的反对转换为影响哪种改变将会发生的竞赛。亚莉克希亚是否能够说服关键决策者改变现状呢？

关于协议实施的担忧也属于这一类。人们可能认为其他人的让步最终不会兑现，所以他们最好还是争取维持现状而不是冒险尝试。这似乎是罗尔夫在表达对于公司是否会履行协议给予地区总经理更多灵活性的担忧。如果对于不牢靠协议的担心阻碍了进展，你要看看有没有办法能提升信心指数。例如，你可以提出分阶段引入改变，每一步都与之前一步的成功实施相连接。

表 8–2 提供了一个简单的工具，能够提供关于重点人物的动机、推动力和约束力以及对于替代选择认知方面的信息。

表 8–2　分析动机、推动力和约束力以及替代选择

重点行为者	动机	推动力和约束力	替代选择

使用这一表格来评估是什么驱动了重点行为者，以及对他们发生作用的推动力和约束力，还有他们对于自己的替代选择的认知（他们认为自己拥有什么选择）。

制定影响力策略

对你需要影响的人有了更深刻的洞察之后，你可以思考怎样应用传统的影响力技巧。这些技巧包括协商、设计、塑造选择、社会影响、渐进主义、排序和驱使行动发生的活动。

“协商”提倡信息的引入，好的协商意味着进行积极的聆听。你提出问题，鼓励员工表达他们真实的顾虑，然后你对所听到的内容进行总结和反馈。这一方法表明你关心并且认真对待这次谈话。积极的聆听作为说服方法的力量被大大地低估了。它不仅能够推动他人接受困难的决策，还能够引导人们的思维并设计选择。因为领导者问出的问题和他们总结回应的方式对于人们的认知有一种强大的作用，积极的聆听和设计是有效的、具有说服力的技巧。

“设计”是指以一对一的方式小心地制订你的说服性观点。花时间进行恰当的设计是必要的。实际上，如果亚莉克希亚不能制作一个令人信服的企划案支持她提出的改变，她做的其他事情就不会有什么影响力。你的信息应该以一种恰当的语气进行传达，让那些具有影响力的行为者产生共鸣，更重要的是，要能够塑造这些关键人物对他们的替代选择的认知。

例如，亚莉克希亚应当探寻自己需要做哪些工作，才能使罗尔夫从反对到至少保持中立，甚至最理想的——变成支持者。罗尔夫是不是有一些特别的顾虑，在这方面她可以做些工作？如果保证实施的到位，他是不是会对一系列的交易感兴趣？有没有办法能够帮助他关心其他目标，从而换取他对亚莉克希亚的支持？

在设计你的论证观点的时候，请记住亚里士多德的修辞学三大要素，即理性诉求（logos）、情感诉求（ethos）和品格诉求（pathos）[5]。理性诉求是要做出合乎逻辑的论证，使用数据、事实以及充足的依据来建立你的改变案例。情感诉求是要在决策过程中提升你要应用的原则（比如公平）和要信仰的价值观（比如团队合作的文化）。品格诉求是要建立与你的受众之间强有力的情感联系，例如，提出一个鼓舞人心的愿景，说明我们进行合作能够实现怎样的成果。

有效的设计关注于一小部分核心主题，这些主题需要不断被重复，直到它们被完全理解。当员工开始无意识地重复你的主题时，你就获得了成功的确切信号。

关注和重复非常有效，因为我们通过重复而学习。我们第三次、第四次听到一首歌的时候，就忘不掉它了。但是，我们也可能听了一首歌太多遍而开始厌烦它了。同样的，不断使用完全不变的语言清楚地表明了你在尝试说服他人，而这也可能引发反弹。有效的沟通艺术是重复和阐述核心的主题，但听起来又不像是鹦鹉学舌。

在设计自己的论点时，想一想怎样向员工灌输观点，让他们去反驳你认为反对者会使用的论点。提出并且果断地反驳虚弱的反方观点能够帮助听众在之后遇到这类观点的加强版时也能够免疫。

表 8–3 提供了一个设计你所需论点类型的简要清单。

表 8-3　设计论点

理性诉求——数据和充足论据	• 哪些数据和分析会让他们觉得有说服力？ • 哪些逻辑可能吸引到他们？ • 他们是否受到了一些偏见的影响，如果有，你要怎样论证？
情感诉求——原则、政策和其他“规则”	• 哪些可以用来说服他们的原则或政策应该用在这里？ • 如果你要求他们违背某个原则或政策，你能帮他们证明这样做的正当性吗？
品格诉求——情感和意义	• 有没有你可以利用的情感触发器，比如，忠诚或对公共利益的贡献？ • 你能帮助他们建立一种支持或者反对一项事务的意义感吗？ • 如果他们的反应过于情绪化，你能够帮助他们退后一步理清思路吗？

使用以上的类别和问题来确定你需要用来说服他人的论点类型。

“塑造选择”是要影响他人对自己的替代选择的认知。认真思考怎样才能让别人难以拒绝。有时候选择范围宽泛一些会好，有时候又是狭窄一些更好。如果你要求别人支持一件看起来不可能的事情，那最好把它设计成一个高度受限制、独立于其他决策之外的孤立情境。其他选择可能更适合在更高级别的系列问题情境下使用。

推销那些被认为是“非胜即负的命题”尤为困难。放宽考虑中的事件或选择的范围可以促进互利共赢，把蛋糕做大。类似的进展也可能因为“有毒问题”的出现而止步不前。这些情况有时候可以通过明确地把它们留待未来考虑。

“社会影响”是他人的观点以及社会规则产生的影响。知道一个德高望重的人已经支持这个项目可以改变他人对于项目吸引力的评估。所以说服意见领袖做出支持的承诺，并且请他们动员自己的关系网，可以产生强大的杠杆效应。同样的研究表明，人们喜欢以下这些方式运作：

- **与强烈坚持的价值观和信仰保持一致。**这些价值观可能是重要的关系集团所共同持有的。被要求进行与价值观或信仰不一致的行为会让这些人体验到内部的心理失调。
- **与之前的承诺保持一致。**没有履行承诺可能会引发制裁，而不一致性则是不可靠性的信号。人们倾向于不做出那些违背自己的承诺或者设立不可取的先例而明显限制了他们未来选择的决定。
- **清偿债务。**互惠是一个很强大的社会规范，人们很容易趋向于支持那些足能唤起之前所受恩惠的事情。
- **保护名誉。**人们会喜欢保护或者加强个人名誉的选择，而那些会伤害到个人名誉的选择则被认为是负面的。

这里的启示是：你需要在最大限度上避免以下事情发生——让他人做出的选择与他们的价值观和先前承诺不符、降低他们的地位、威胁他们的名誉或者引发受尊重人士的异议。如果你需要影响的某个人有一个相互矛盾的先前承诺，你应当寻找办法帮助他们优雅地避开。

“渐进主义”是指当人们不愿意一步到位的时候可以在预期方向

上一步一步行动的概念。绘制出从 A 到 B 的前进道路非常有效，因为走出的每一步都创造了决定是否要走下一步的心理参照点。例如，亚莉克希亚应当一开始与员工会面只是探寻他们对于集权和灵活性问题的看法。但是，随着时间的推移，团队可能已经对涉及其中的每件事进行了分析。最后，在他们谨慎地审视过了所有主要顾虑之后，参与者可以讨论一个好的解决方案应该具有怎样的基本原则。

让人们参与到对组织问题的共同诊断中是一种渐进主义的做法：在诊断中的参与使人们很难去否认艰难决定的必要性。一旦达成了关于问题的一致意见，你可以转换到确定选项的工作，然后确定可以用来评估选项的标准。

在这样一个流程结束时，人们通常愿意接受他们在最开始可能不会接受的结果了。

因为渐进主义能够产生强大的影响，所以在错误的方向形成势头之前影响决策过程就显得非常重要。决策流程就像河流，大的决策吸收那些确定问题、确定替代选择和建立评估成本及收益标准的初始支流进程。在问题和选项被确定的时候，实际的选择可能早已成为定局。所以要记住在塑造流程时早期的成功对最终的成果有巨大的影响。

“排序”是指你去影响他人，在预期方向建立势头的行动顺序要具有战略性[6]。如果你首先接触了合适的人，就可以开启一个建立同盟的良性循环。获得一个受尊重的盟友使得招募他人也变得容易——而且你的资源基础也增加了。在更广泛的支持下，成功的可能性会增加，获得更多的支持也变得容易。根据对 MedDev 影响力模式的评估，亚莉克希亚当然应该先与公司的战略副总裁蒂姆·马歇尔会面，来巩固他的支持，并且为他提供说服马乔里的更多信息。

更广泛地说，亚莉克希亚的排序计划应该包括一系列考虑周全的一对一会议和团体会议，通过这些会议来建立改变的势头。一对一会议对占据有利地形很有效，比如，听取他人的定位，提供新的或额外的信息来塑造他们的观点，或者可能的话谈判达成单边的交易。但是严肃谈判中的参与者往往不愿意做出最终让步和承诺，除非他们彼此面对面坐在一起，这就是团体会议尤为有效的情况了。

“驱使行动发生的活动”是让人们不再推迟决策、拖延或逃避对于珍稀资源的承诺。当你的成功需要许多人的支持时，一个人的拖延可能造成“瀑布效应”，让其他人也有了不行动的借口。因此你必须将“不作为”排除在选项之外。

你可以发起驱使行动发生的活动，这些活动引导人们做出承诺或采取行动。会议、审查会议、电话会议和截止时间都能帮助创造和保持这个势头：常规的会议审查进展，质问那些没有达成共同认定目标的人，增加坚持到底的心理压力。

小结

建立同盟必须要弄清楚你需要谁的支持，确定影响力的模式，并且明确可能的支持者和反对者。这些行动的成功帮助你确定重点人物、理解他们的动机与情境压力以及对于替代选择的认知，并且制定合适的策略以建立成功同盟。

创立同盟清单

1. 你需要在组织内部和外部建立哪些重要的同盟以推进你实现目标?

2. 其他的关键行为者在追求什么目标? 他们的目标在哪些地方和你的相一致，哪些地方又相冲突?

3. 是否有机会和他人建立长期的、广泛的同盟? 你可以在哪些地方利用短期的协议来追求特定的目标?

4. 组织中的影响力是怎样发挥作用的? 在关键问题上，谁会听从谁的意见?

5. 谁可能会支持你的目标? 谁可能会反对你? 谁又能够被说服?

6. 关键人物的动机是什么? 有哪些情境压力对他们起作用? 他们对自己的选择有什么认知?

7. 一个有效的影响力战略有哪些要素? 你应该怎样设计你的论点? 渐进主义、排序和驱使行动发生的活动这样的影响力工具是否有用?

第九章　自我管理

在一家大型媒体公司的纽约办公室工作六年之后，史蒂芬·埃里克森被提拔到公司加拿大分部的高级岗位上。他期待着从纽约到多伦多的调动会顺风顺水。毕竟，加拿大人和美国人是非常相似的。而且多伦多这个城市很安全，也因为拥有好的餐馆和文化活动而享有盛誉。

史蒂芬立刻就调岗了，他在多伦多城区短租了一间公寓，便像以往一样，精力充沛地投入到新工作中。他的妻子艾琳是一位有才华的职业室内设计师。她把他们的合作公寓拿出来销售，也开始准备为他们的两个孩子——12 岁的凯瑟琳和 9 岁的伊丽莎白办理转校。史蒂芬和艾琳之前也讨论过要不要推迟孩子们的转校时间，并到四个月后再行动，但还是觉得这样的话家人之间分离得太久。

新工作中最开始非常微妙。每次史蒂芬想做成什么事情的时候，都感觉力不从心。作为一直都习惯了直率讨论业务的纽约人，他发现他的新同事们过分得礼貌和“和善”。史蒂芬向艾琳抱怨说他的同事拒绝参与关于艰难问题的切实讨论，而他也找不到之前在纽约时所依赖来开展工作的负责人。

史蒂芬入职四个星期之后，艾琳和他在多伦多相聚，开始寻找新的房子和学校，并且开拓她的自由职业设计工作前景。史蒂芬因为工作上的挫败而急躁易怒。当艾琳找不到喜欢的学校时，她的忧愁也很快就累积了起来。他们的孩子之前在纽约一所顶级私立学校就读。孩子们不愿意搬家，一直围着艾琳吵闹。她一直给孩子讲搬到新国家的奇遇，想让她们平静下来，还承诺为她们找到一所好学校。艾琳感到气馁，她跟史蒂芬说觉得还是应该让孩子们在学年末再搬家，史蒂芬同意了。

史蒂芬在多伦多和纽约之间往来通勤，艾琳作为一个有工作的妈妈承担着巨大的压力，这样的情况很快产生了不良影响。尽管艾琳几个周末都去了多伦多，并且继续寻找学校，但是她的内心很明确——她不想搬家了。周末通常都压力满满，孩子们见到史蒂芬很开心，但是对搬家始终高兴不起来。史蒂芬周一回到办公室时经常感到疲惫，难以集中精力，这增加了他的压力以及和同事建立联系的困难。他知道自己的工作表现很糟糕，这又进一步让他压力山大。

最后他决定强行解决问题。通过公司的关系，他找到了一所好学校，确定了几套不错的房产。但是当他催促艾琳快点出售他们的公寓时，却迎来了他们结婚以来最严重的争吵。史蒂芬清楚地看到他们的关系受到了伤害，他告诉公司他要么回到纽约，要么就不得不辞职。

领导者的生涯永远在寻求平衡，在角色转变期尤为如此。不确定性和含糊不清可能会造成严重的后果，你不知道自己到底不知道什么，也没有机会建立一个支持网络。如果你像史蒂芬那样需要搬家，那你在个人生活中也经历着角色转变。如果你有家庭，那你的家人也需要跟着你经历角色转变。在所有这些混乱之中，你需要快速适应新环境，在你的新组织里开始进行积极的改变。因为所有这些原因，都使自我管理成为一项关键的挑战。

你是否以正确的方式专注于正确的事情？你是否保留了精力、理清了思路？你和你的家人有没有得到你们需要的支持？不要尝试一个人解决所有问题。

评估状况

一个好的起点是评估一下你对于当下角色转变期中事情开展得如何。花几分钟时间来阅读一下“结构化反思指南”文本框，来评估你的现状。

结构化反思指南

到目前为止你感觉如何？

从高到低排序，你是否感到：

- 兴奋？如果不是，为什么？你能做些什么呢？

- 自信？如果不是，为什么？你能做些什么呢？
- 对你的成功有掌控力？如果不是，为什么？你能做些什么呢？

目前困扰你的是什么？

- 你没有建立起和谁的联系？为什么？
- 在你参加的会议中，哪一次是问题最严重的？为什么？
- 在你看到的或听到的内容中，什么是困扰你最深的？为什么？

什么变好了或者变差了？

- 如果可以的话哪些互动你会以不一样的方式去处理？哪些超出了你的预期？为什么？
- 你的哪些决策效果非常好？哪些没那么好？为什么？
- 你最后悔错失了什么机会？主要是你自己阻碍了一个更好的结果还是其他你无法控制的原因？

现在关注你面临的最大的挑战或困难。对自己坦诚以待：你的困难是情境的原因，还是来源于你自身？就算是有经验和有能力的人也可能把问题归咎于情境而不是自己，造成的结果就是他们没有达到本来可以做到的那样主动。

现在退后一步。如果事情不完全是按照你的预期发展，为什么？是不是只是因为接受新角色时不可避免地都要经历这样一个情绪过山车呢？随着你迎接新挑战的兴奋劲儿逐渐消失，问题逐渐显现。领导者新入职三到六个月之后进入低谷是常见的情况。好消息是你肯定可以翻到山的另一边，只要你应用了 90 天计划。

但是，你所面临的问题也可能是来自你的个性弱点，这些弱点可能让你在新岗位上脱离轨道。这是因为角色转变期会放大你的弱点。所以看一看以下的潜在障碍行为列表，问问自己（如果安全的话，问问了解你并会给你真诚反馈的其他人），你是否正在遭受这些症状的困扰。

- **无防备的边界**。如果你没有建立起坚固的边界，确定你愿意做什么、不愿意做什么，那么你周围的人，你的上司、同事和直接下属就会拿走所有你不得不给予的东西。你给予的越多，他们对你的尊重就越少，然后向你要求得就越多，于是形成了另外一个恶性循环。最终你会很生气、很愤怒，但是也怪不了别人，只能怪自己。如果你不能为自己设立边界，你也不能指望别人来帮你做。
- **脆弱**。角色转换期固有的不确定性可能会加剧刚性和防御性，特别对于高控制需求的新领导者来说。通常的后果就是对失败行动进程的过度承诺。你贸然地做出了决定，然后觉得没办法在不失去信任的情况下放弃它。时间越长，你就越难承认自己错了，结果的危害性也就越大。或者你可能断定你实现某个目标的方法是唯一正确的方法。结果，你的僵化脆弱剥夺了那些坚定地想要实现同样目标的人的行动权。
- **孤立**。为了实现目标，你必须和那些实施行动的人以及隐蔽的信息流建立联系。新领导者很容易陷入孤立境地，而孤立会不知不觉就降临在你身上。它之所以会发生，是因为你没有花时间建立合适的联系，可能过度依赖于一小部分人或官方的信息。如果你无意识地打击了他人向你分享关键信息的积极性，孤立也会发生。也许他们害怕你对坏消息的反应，或者他们认为你陷入了利益冲突中。不管原因是什么，孤立都会导致在信息不足的情况下做出不当决策，伤害你的信誉，从而进一步强化你的孤立。

- **逃避工作**。你在新岗位的早期需要做出艰难的决定。也许你不得不基于不完整的信息做出关于业务方向的重大决策，或者你的人事决定会对员工的生活产生深远的影响。不管是有意还是无意，你可能选择埋头于其他工作中或者欺骗自己做决定的时机还不成熟而推迟决策。结果就是领导力专家所称的逃避工作：逃避关键问题，导致艰难的问题变得更加艰难[1]。

所有这些症状可能导致危险的压力等级。但并非所有压力都不好，实际上，压力和业绩之间有一份证据充分的关系，被称为“耶克斯—多德森曲线（Yerkes-Dodson curve）”，如下图[2]所示。不管压力是来自自身还是外部，你都需要压力（通常以积极的激励方法或不作为的后果的形式存在）的作用以保证生产力。没有压力，什么也做不成——你就只会躺在床上嚼巧克力了。

随着开始体验压力，你的业绩会改善，至少在最初是这样。最终你到达一个点，这时进一步的要求会伤害你的业绩，你的手中有太

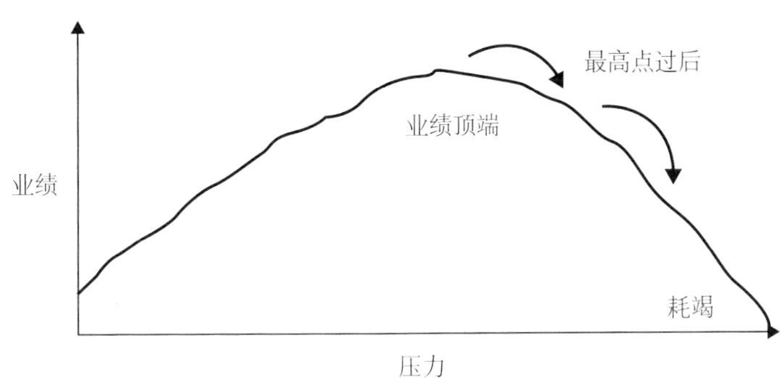

耶克斯—多德森人类业绩曲线

多的球要抛接，情感负担太重。这样的动态创造了更多的压力，进一步削减你的业绩，并且随着你到达压力曲线的顶端而创造了一个恶性循环。在很少情况下你会疲惫不堪、丧失力量，而更常见的情况则是长期的表现不佳：你工作得更加努力，取得的却更少。这就是史蒂芬所经历的情况。

自我管理的三大支柱

如果你有这些弱点，你应该做些什么呢？你应该全力投入自我管理中，而自我管理这种个人实践是建立在三大支柱的基础之上的：第一个支柱是采用之前八章中提出的成功策略；第二个支柱是创立和加强一些个人原则；第三个支柱是在家庭和工作中形成支持体系，帮助你保持平衡。

支柱 1：采用 90 天策略

在之前的八个章节中提出的策略代表了一个模板，指导你怎样准备、学习、设立优先工作、创立计划和直接行动，来建立良好势头。当你看到这些策略发挥了作用并且取得了早期成功的时候，你的成就会使你更加自信。你在角色转变期不断前进时，根据表 9–1 中总结的核心挑战，想一想你自己所面临的挑战，确定你需要回到哪些章节再去看看相关内容。

表 9–1 核心挑战评估

核心挑战	诊断性问题
自我准备	你对新工作是否持有正确的心态，是否已经告别过去？
加速学习	你是否弄清楚自己需要学习什么、向谁学习？怎样加速学习进程？
根据实际情况制定策略	你是否诊断了你所面临的角色转变类型，以及它对应该做什么、不该做什么的启示？
通过沟通取得成功	你是否正在建立与新上司的关系、管理期望值，并获取了你所需要的资源？
要事优先	你是否关注能够推动你的长期目标实现并建立短期势头的优先工作？
实现一致性	你是否修正了战略、结构、制度和技能方面令人失望的不一致性？
搭建你的团队	你是否在评估、重组团队并校准团队的一致性来实现你的目标？
寻找同盟	你是否建立了内部和外部对于你举措的支持基础，这样你就不需要花大力气“推石上山”？

支柱 2：强化个人纪律

知道你要做什么和真正去做是不一样的。最终，失败或者成功来自日常选择的积累，这些选择促使你在具有生产力的方向前进，或者将你推下悬崖。这就是第二支柱个人效能也就是个人纪律的区域了。

个人纪律是那些你不断强化自己去做的常规惯例。对你来说哪些具体纪律是最高优先工作？这取决于你的优点和缺点是什么。你可能对自己有一定的洞察，但你也应该咨询那些了解你、你也信任的人（360 度反馈可能有用）。他们认为你的优点是什么？更为重要的，他们认为你的缺点是什么？

运用以下的个人纪律列表来激发你去思考应当开发哪些惯例。

- **计划去做计划**。你每天和每周有没有花时间去完成计划—工作—评估的环圈？如果没有，或者没有常规性开展，这说明你需要在计划方面更加自律。每天结束时，花 10 分钟去评估今天在实现目标方面你做得怎么样，然后计划第二天的工作。每周结束时也要做同样的事情。养成这样做的习惯，就算你落后了，你也会更具有掌控力。
- **将精力更集中于重要的事情上**。你每天有没有投入时间去做那些最重要的必要工作？紧急的事很容易排挤重要的事。你会陷入琐事之中，电话、会议、电子邮件不断，没有时间去关注中期、更不用说长期的任务了。如果你在完成真正的任务方面有困难，那就约束自己每天拿出一点时间，就算只有一个小时，也要关上门、关上手机、忽略电子邮件，然后专注、专注、再专注。

- **明智而审慎地推迟承诺**。你会一时冲动做出承诺之后又后悔吗？你会高兴地答应在看似遥远的将来去做某事，结果那一天到来时又日程满满、无法抽身吗？如果有这样的问题，你必须学会推迟承诺。不管任何人要你做什么事的时候，你都可以说："听起来不错。我想一想，之后再给你回复。"不要在现场就答应。如果你是受到了压力（施压者可能了解你在这样的压力面前的脆弱性），可以说："倘若你现在就需要一个答案，那我只能说'不'了；但是如果你可以等等，我会再考虑一下的。"开始时拒绝，之后再接受很容易；开始接受了，之后再改变主意就很困难了（还会损害你的名誉）。请记住，别人知道你的行程看起来开放的话，便会早早地让你做出承诺。
- **"上阳台"**。你发现自己在艰难情形下会陷入情感波动中吗？如果会，约束你自己往后站一步，从5万英尺处评估情况，然后再进行建设性地干预。领导力和谈判领域顶级的权威一直都很赞赏这种"上阳台"方法的价值[3]。这样做可能不容易，而且风险很大，常常发生在你的情感非常投入的时候。但是在自律和练习之下，这种技能可以培养出来。
- **自省**。你对自己在角色转变期应对事情时的反应有足够清醒的意识吗？如果没有，约束自己对你的情况进行结构性的反思。对于有些新领导者来说，结构性的自我评估意味着在一天结束时草草记下一些想法、印象和问题；对于另一些人来说，它意味着每周安排时间来评估工作开展得如何。找到适合你自己风格的方法，并约束自己常规性地使用它，将由此而来的洞察转化为行动。

- **知道何时应该退出。**借用一句老话，角色转变是马拉松而不是百米冲刺。如果你发现自己不是偶尔才越过压力曲线的顶端，你就必须约束自己，知道什么时候应该退出。当然，这说起来容易，做起来难，尤其是当你面临着截止时间的到来、认为也许再多一个小时事情就能完全改变的时候。短期内也许真的可以，但是长期的代价将会非常大。首先要努力弄清你什么时候已经到了收益递减的转折点了，然后用任何能够帮你恢复精力的方法休息一下。

支柱 3：建立你的支持体系

自我管理的第三个支柱是加固你的个人支持体系。这意味着在你的本地环境中展现控制力，稳定后方，建立坚实的建议和咨询网络。

- **在本地展现控制力。**如果支持你的基础设施没有到位，你就难以专注于工作。就算你有更为紧急的担忧，也要快速行动：让你的新办公室建立起来、明确你对助手的期望，等等。如果需要的话，在永久系统到位之前组装一套临时性资源来渡过难关。

- **稳定后方。**赢得战争的根本规则就是避免多线作战。对于新领导者来说，这意味着稳定住自己的家庭后方，这样你就能够在工作中投入足够的精力。如果在自己的家中破坏价值，你就不能指望可以在工作中创造价值。这也是史蒂芬犯的根本性错误。

如果你的新岗位需要重新安置住所，你的家庭也会处于角色转变中。像艾琳一样，你的配偶可能也要进行工作转型，你的孩子可能不得不离开他们的朋友并转校。也就是说，在你最需要支持和稳定的时候，你的家庭生活结构被破坏了，你的职业角色转变的压力可能会放大你的家庭转型的负担。同时，家庭成员的困难会加重你已经非常沉重的情感负担，伤害你创造价值的能力，拉长你达到损益平衡点的时间。

所以你也要关注加速家庭的角色转变。起始点可以是承认你的家庭对于这次转变可能会不高兴，甚至是愤怒，这样的破坏性后果不可避免。但是一起谈论它，共同思考解决失落感的问题可能会有所帮助。

除此之外，以下是能够帮助你顺利渡过家庭角色转变期的指南：

- **分析你的家庭现有的支持系统。**搬家割断了之前那些为你们提供重要服务的人的联系，他们包括医生、律师、牙医、幼儿保姆、家教、教练等。做一个支持体系详细目录，确定优先工作，投入精力快速找到替代人选。
- **帮你的配偶回到正轨。**你的配偶可能辞掉了以前的工作，并希望在搬家之后找到新的工作。如果求职的过程缓慢，不快的情绪可能就会恶化。为了加速进程，可以直接与你的公司沟通，请求求职方面的支持，或者搬家后不久就找到这样的支持。重要的是，不要让你的配偶推迟转变。

- **谨慎地考虑搬家时间。**对孩子来说，在学年中间搬家要困难得多。可以考虑在学年结束之后进行家庭整体的搬迁。当然，代价就是和家人的分离，以及通勤路上的时间和精力消耗。但是，如果你这样做，务必确保你的配偶有额外的支持来帮助分担重任。一个人负责整个家庭任务会很艰难。
- **保护熟悉的东西。**尽快重建熟悉的家庭仪式，并且在整个角色转变期保留它们。来自最爱的亲人，比如（外）祖父母的帮助，能够起到很大作用。
- **为了熟悉新文化进行投资。**如果你们是跨国调动工作，可以寻求跨文化角色转变方面的专家的帮助。如果存在语言和文化的障碍，你的家庭会有更大的被孤立的风险。
- **如果有的话，尽快接入公司的重新安置服务。**公司的重新安置服务通常只局限于帮助你找到新家、搬移物品和确定学校，但是这样的帮助也会起很大作用。

如果你决定拖家带口一起搬家的话，其中的痛苦是不可避免的。但是你可以通过各种努力来使这种痛苦最小化，并且加速每个人的角色转变。

• **建立你的建议和咨询网络。**不管你有多么大的能力，精力多么充沛，也没有领导者可以自己搞定所有问题。你需要一个组织内和组织外你信任的顾问组成的网络，和这些人交流你正在经历的情况。你的网络是一种不可替代的资源，能够帮助你避免被孤立或失去理智。第一步，你需要培育三种类型的顾问：技术型顾问、文化解读者和政治咨询师（见表 9–2）。

表 9–2　顾问类型

类型	角色	他们怎样帮助你
技术型顾问	提供对于技术、市场和战略的专家分析	他们为新技术的应用提出建议；他们解释技术数据并提供分析；他们提供及时、准确的信息
文化解读者	帮助你理解新文化并（如果你的目标如此的话）适应它	他们为你提供关于文化规范、心理模型和指导性假设的洞察；他们帮助你学习新组织的语言
政治咨询师	帮助你处理新组织的政治关系	他们帮助你实施你的技术型顾问的建议；在你思考实施任务目标的选择时，他们是你的共鸣板；他们向你提出“如果……会怎样”的问题

你还需要努力思考你想要培育的内部和外部顾问的比例。内部人士了解组织以及它的文化和政治环境，所以你要找到具有良好关系网、可以信任、能够帮助你掌握现状的内部人士。他们是无价的资源。

但同时，内部人士不太可能不带情感地给出你完全公正的对事件的看法。因此，你还需要外部顾问来扩大你的内部网络，这些外部顾问能够帮助你解决问题。他们应善于聆听和询问问题，对组织运行的方式有良好的洞察，并且本质上支持你的最佳利益。

使用表 9–3 来评估你的建议和咨询网络。对每个能够帮助到你的人进行分析，他可以是技术型顾问、文化解读者或是政治咨询师，并分析他是内部还是外部人士。

表 9–3　对你的建议和咨询网络进行评估

	技术型顾问	文化解读者	政治咨询师
内部顾问和咨询师			
（你的新组织内部）			
外部顾问和咨询师			
（你的新组织外部）			

现在退后一步。你的现有网络是否能够为你在新岗位上提供所需的支持？不要假设过去对你有帮助的人在新情境中还能继续发挥作用。你会遇到不同的问题，之前的顾问可能无法在你的新岗位上为你提供帮助。随着你承担了更高级别的责任，对于好的政治顾问的需求通常会显著增加。

你还要提前思考。因为建立一个有效的网络需要花费时间，关注你在新岗位上将会需要怎样的网络永远不会太早。对于建议的需求你将会怎样改变？

为了建立一个有效的支持网络，你需要确保你获得恰当的帮助，并且确保需要的时候你的支持网络能够到位。你的支持网络是否具有以下特点：

- 技术型顾问、文化解读者和政治咨询师以恰当比例组合。
- 内部和外部顾问以恰当比例组合。你需要来自内部人士的诚实反馈，也需要外部观察者的冷静视角。
- 对你个人而不是你的新组织或单位忠诚的外部支持者。通常，这些人是你的长期同事和朋友。
- 值得信任、个人目标与你的目标没有冲突，并能够提供直接准确建议的内部顾问。
- 关键支持团体的代表，能够帮助你理解他们的观点。你不会希望自己局限于某一两个观点。

小结

你每天都要努力管理自己。最终，你的成功或失败会取决于你在一路上做出的所有小的选择。这些选择能够为组织、为你自己创造一种良好的势头，它们也可能产生破坏你的效力的恶性循环。在角色转变期的日常行动建立起了之后所有状况的模式，这不仅是对你的组织而言，对你自己的个人功效以及最终你的个人利益而言亦是如此。

自我管理清单

1. 你在新岗位上最大的弱点是什么？你计划怎样弥补它们？

2. 你最需要开发或加强哪些个人纪律？你将怎样去做？成功会是什么样的？

3. 你可以做些什么来获得对于本地环境更多的控制权？

4. 你可以做什么来缓解你的家庭的转变压力？你需要建立哪些支持性的关系？哪些是你的最优先工作？

5. 你在加强建议和咨询网络方面有什么优先工作？在什么程度上你需要关注于内部工作还是外部工作呢？你在哪些领域最需要额外支持——技术性的、文化性的、政治性的或个人的？

第十章　加速每一个人的转变

《创始人：管理者的第一个 90 天》是一本写给处于角色转变期的个人领导者的书。它旨在帮助他们诊断所处情境中的问题，确定核心挑战，并设计计划来创造良好的势头。成千上万的领导者从这些方法中受益，独立研究显示，它将达到损益平衡点的时间减少了 40% 之多[1]。

一个新领导者如果没能成功发展，这对他个人来说很严重，甚至是会导致职业生涯结束。但是角色转变对公司又有什么影响呢？每一次失败的角色转变，不管是完全的脱离轨道，还是没那么激烈的表现不佳，都让组织付出了代价。这些代价是如此沉重，所以一个最先进的角色转变加速制度（后文称之为“加速制度”）能够降低企业风险，创造竞争优势，并且加速改变的实施。

首先，想一想高级管理人员的角色转变所带来的风险，无论是外聘员工的入职还是内部的晋升。高级管理人员级别的一次失败可能造成成千上万美元的直接损失，这还不算失去的机会和对业务的伤害。之前提到的创世纪顾问的独立研究和辅导流程，基于保守的薪资计算，产生了 1 400% 的评估投资回报率。但除此之外，下文中对这一研究的逐字引用强调了脱轨或者表现不佳所可能产生影响的规模和范围[2]：

- “在一项业务中，在一个苦苦挣扎的新领导者之下，一个地区的增长放缓了一半。如果你看一下税后影响，这一数字达到了 700 万至 800 万美元。”
- “项目没有开展起来，成果也没有实现。一个新的产品发布被推迟。当新产品开发出现问题的时候，一次糟糕角色转变的影响可能价值 1 亿美元。”
- “一个重要的代价是人才的流失。在直接的金钱损失之外还付出了更大的代价。具有高潜力的人才是稀缺资源，我们对他们很强硬。如果他们做不好，你就淘汰了一名高潜力人才。”

公司通常都有制度来评估和管理其他具有类似量级影响的风险，它们也应该以同样的严格程度去处理高级管理人员的角色转变风险。因而，一个加速制度是企业整体风险管理的要素之一。

其次，各个级别都在发生许多角色转变，这些转变对于业绩会有怎样的累积效应呢？回想一下，我们之前提到《财富》500 强企业通常每年有大约 1/4 的领导者换工作，高管们每年的角色转变率更高。一个研究表明，最顶端三级领导者的年角色转变率达到了 35%，其中 22% 在内部转岗，13% 从外部入职。每一个角色转变实质上都会影响到大约 12 名领导者周围人的业绩，包括他们的同事、直接下属和上司。

想象一下将所有这些角色转变提速 10% 能带来多大的价值，更不用说提速 40% 的效果了。成功加速每个人的转变能够直接有助于提升公司的业绩，甚至还可能成为竞争优势的来源。一个公司如果能帮助每个人快速转变，业务将开展得更加敏捷和有响应力。因此，一个加速制度是高绩效组织的关键要素之一。

最后，想一想当你的业务经历重大改变时会发生什么。这样的情况包括充足、快速增长阶段，或者一家收购企业的融入。每个重大的改变都创造了一波的个人角色转变，在整个组织中如瀑布般一泻而下。重要的“硬性”工作，包括建立合适的结构和制度以及在关键岗位上配置人员只是实施改变的第一阶段。为了实现计划中的具体目标，比如并购协同目标，战略方向必须在组织中贯穿下来，必须建立角色、责任和决策权力的明确性，关系的建立也必须加速。

本书中描述的 90 天框架已经非常成功地应用于加速“快速更新”实施中组织改变的第二阶段。通常的关注点是团队的加速，从顶层团队开始，然后在组织中逐渐往下流动。每一级别的团队都使用同样的方法、语言和工具来创立 90 天的计划，建立关系和团队合作。成功应用这一方法能够起到改变达成目标或是扭转悲惨失败的作用。正如许多公司在失利中所学到的那样，改变的“软性”一面实际才是它的艰难面。因此，一个加速制度是组织改变管理工具箱的基本元素之一。

不管焦点是放在风险管理、业绩提升还是改变的实施上，或是三者都有，公司在每一等级的角色转变加速中都有重大的利益——不管是内部还是外部、个人还是组织。这意味着它们应当像管理任何重要业务流程一样管理领导者角色转变加速项目，通过制定恰当的框架、工具和制度来帮助每个人提速。

在这样的情况下，公司应该怎样进行加速制度的设计呢？以下是十个设计原则，可以作为你在建立恰当的业务解决方案时应用的指南。

公司加速员工角色转变的十个原则

原则1：确定关键的角色转变

要知道你的组织中有多少角色转变正在发生，首先，关注于加速其中最重要的那些转变。我们感到惊讶的是，很多公司都不能回答关于公司所雇用的员工数、将要提拔的员工数、在不同单位之间转岗的员工数和平级调动的员工数等基本问题。没有角色转变频率方面的重要数据，没有它们什么时候会发生的意识，就很难设计好这个加速制度。

其次，你要了解角色转变的频率，这样才能评估在不同等级提供支持的成本和效益，并高效地分配资源。例如，假如你预设一线领导者级别会有较高的转岗频率（大于30%），可能是因为业务正在快速增长。有一种好的做法是这一级别的领导者应当在他们入职最初的60天内（当面或通过虚拟渠道）参与角色转变研讨会（此外，如后文所述，在他们入职新岗位时就立即得到启动资源）。这些研讨会的规模控制在15—20名参与者时效果最好。你可以运用这样的信息来规划何地、何时提供角色转变支持。

再次，除了了解角色转变的频率，知道外部入职、内部转岗、晋升和平调的组合比例也很有价值。了解这些能够让你调整你要提供的支持。这是因为，如后文所述，某种程度上公司提供的支持应该根据领导者正在经历的角色转变类型而制定。

最后，你需要关注重要的角色转变。你的公司中正在进行的最重要的角色转变有哪些？假设你们是一家小型的、快速成长中的医药公司。你们刚刚获批一种非常有希望的新药，你们要聘用一个新的销售团队，并且需要比某个竞争者的工作开展得更快。你在新销售人员履任上的成功与否将会决定公司业绩优秀还是表现一般。因此，你的最初努力应当集中在帮助所有的销售人员尽快加速开展工作，并且帮助销售组织整体凝聚起来。运用图 10–1 角色转变热点地图来总结你对于组织中哪些角色转变最为关键的评估。

		角色转变强度			
组织单位	**重大改变事件**	**入职**	**晋升**	**地理转移**	**平级调动**
单位 A	快速增长	高	低	高	中
单位 B	整顿转向	中	低	低	高
单位 C	并购	无	低	中	高

图 10–1 角色转变热点地图

角色转变热点地图是一个用来总结你所在组织中最重要的角色转变加速优先工作的一个工具。图中展示了一个例子。首先，在左列中列出关键的组织单位、团体或项目。其次，明确每一个单位、团体或项目中正在发生的重大改变事件。再次，评估每个组织中正在发生的每种关键角色转变类型，包括外聘入职、晋升、地理转移和平级调动等的相对强度。最后，你会得到一个总结，可以运用它来针对优先工作进行讨论。

原则 2：确定“注定失败”的动态

正如前言中讨论过的，有很多新领导者可能会掉入常见陷阱，包括待在自己的舒适区或者尝试做得太多太快。通过实施基于本书中讨论的原则，能够很大程度上避免发生这样的问题。

但是，还有很多组织在把领导者放到新岗位上时容易犯的系统性失误，需要在加速制度的设计过程中加以处理[3]。HBR/IMD 研究的调查对象展现了公司导致他们的领导者失败的经典案例。不必要的脱轨或不佳表现的原因在表 10–1 中进行了总结。

表 10–1　角色转变失败的原因

<table>
<tr><th colspan="2">适用于所有角色转变类型的原因</th></tr>
<tr><td colspan="2">• 期望值和任务不够明晰。管理者没有被给予关于他们需要做什么才能取得成功的足够信息，或者提供的信息是互相冲突的
• 在雇用和提拔时没有考虑到 STARS 情境的问题。在没有充分关注他们是否最适合当前情境的挑战时就选择了这些管理者。例如，把一个善于处理“整顿转向”情境的人放在了一个“维持成功”或“重新组合”情境下
• 推动管理者去进行过大的转变。管理者入职新岗位伴随着高等级的转变风险。他们的负担过重，最终导致失败
• 拥有一种达尔文主义的管理者文化。管理者在角色转变期没有被给予充分的支持，可能是因为公司文化误导性地强化了一种“成败在此一举”的方法</td></tr>
<tr><th>专门适用于晋升的原因</th><th>专门适用于外聘入职的原因
（也适用于不同单位间的转岗）</th></tr>
<tr><td>• 人员获得晋升只是因为他们擅长目前的工作。没有对管理者的能力是否能在更高级别发挥作用进行充分评估</td><td>• 招聘时没有考虑文化适应性。管理者因为某些才能而被雇用，不管他们是不是能够适应这种文化</td></tr>
</table>

（续　表）

专门适用于晋升的原因	专门适用于外聘入职的原因 （也适用于不同单位间的转岗）
• **培训提供得太迟或者根本没有提供培训。**管理者在他们为了发挥效力所必需的技能方面没有接受培训（或者好几个月之后才接受），因而失去了在角色转变期建立信誉的机会	• **没有提供文化适应方面的支持。**新聘用的管理者被指望自己去弄清楚文化的状况，因而犯了很多不必要的错误
• **管理者被要求同时进行他的新工作和旧工作。**公司在职位延续性方面表现糟糕，使新晋升的管理者在新岗位最关键的阶段还必须分心给旧岗位	• **在明确和与关键利益相关者建立联系方面没有提供支持。**新聘用的管理者被指望自己去搞清楚谁对于他的成功有影响力，而他们没有能够尽早地建立起恰当的联系

如果你的公司以这样的方式安排领导者去经历注定的失败，那么实施这样一个加速制度也就没有什么意义了。这里的启示是：为了实施一个制度，你可能需要把应对文化改变作为你的努力内容。假设你的公司在设定领导者要做出的跨越程度和规模上做得很糟糕，那么你可能需要推动引言中讨论过的角色转变期风险评估的系统性应用。同样，如果公司在提供清晰的期望值方面有很广泛的问题，可以通过第四章中讨论过的五轮对话的严格应用进行处理。

原则 3：诊断现有的角色转变支持措施

公司常常会有一套“拼布床单式”的现有制度用来支持角色转变。一个单位可能在促进低级别领导者的表现方面效果很好，一个单位则可能有一个有效的高级管理人员履任制度，另外一个则擅长为国际转岗提供支持。拥有一个基于共同核心框架的全公司加速制度当然很棒，但是，这种现有的如马赛克一般的制度常常需要进行实质性改变甚至替换。

在设计一个全公司的加速制度之前，你必须首先对现有制度进行彻底评估，并且明确尚未提供任何支持的领域。为了进行这项评估，请遵守以下指南：

- 明确并评估你的公司现有的加速支持框架和工具。使用过哪些方法？为什么？它们在多大程度上可以代表最佳实践？
- 检查你所在组织当前在领导梯队的各个级别用来实现角色转变期支持的方法（辅导项目、虚拟研讨会、自学材料）。评估相关的成本和收益。
- 评估你所在组织用来支持不同类型的角色转变的整体一致性，包括外聘入职、晋升、平调以及跨国转岗。是否存在一个可以加速所有类型角色转变的核心模型？
- 明确在角色转变期提供或者能够提供支持的关键利益相关者（上司、同事、直接下属、人力资源专员、学习和开发人员）。
- 评估你所在公司的人力信息系统（比如网站）在直接支持角色转变和提供角色转变正在发生的数据，以便你能够及时提供这方面的支持。

原则 4：采用一个共同的核心模型

知道了员工转岗的频率以及每个角色转变对他人的影响，每个人都采用同样的核心模型来支持角色转变就能够发挥作用了。

一个加速转变制度的基础是统一的、全公司范围内的框架、语言和工具箱，能够用来讨论和规划角色转变，这很可能是你所在组织为了建立加速转变制度能够采取的最重要的单一步骤。想象一下角色转变期的每一位管理者都能够与上司、同事和直接下属讨论以下话题：

- 他们所继承的 STARS 情境组合的挑战，包括“初创启动”“整顿转向”“加速增长”“重新组合”或“维持成功”的组合，以及相应的挑战和机遇；
- 他们的技术性、文化性和政治性学习以及学习计划的关键要素；
- 他们在与上司和直接下属的五轮谈话中的进展——情境、期望、风格、资源和发展；
- 他们一致同意的关于在哪些地方保障早期成功的优先工作和计划；
- 他们需要建立的同盟。

一个通用的核心模型使得针对这些问题的讨论效率大大提高。也许更重要的是，它意味着这样的谈话能够发生，而在其他一些情况下可能就发生不了。它还能够让员工们更加愿意提供信息，更可能共同分享信心，也更能够包容他人在角色转变期的困难。这样的系统性支持推动了组织跳出“成败在此一举”的思维。

原则5：提供及时的支持

角色转变会经历一系列预料之中的阶段。新领导者的角色转变会以密集的问题诊断工作开始。随着对情况了解得更多、更清楚，他们开始转向为所在组织确定战略方向（使命、目标、战略和愿景）。在预期方向变得更清晰之后，他们就能够更好地做出关于关键组织性问题的决策，这其中包括结构、流程、人才和团队。在这样的工作之中，他们能够确定那些保障早期成功的机遇，并开始推动改变的进程。

因此，新领导者需要的支持类型就随着角色转变流程的发展而以可预料的方式变化。早期，支持加速技术、文化和政治性学习是关键。随着理解不断增长，支持的关注点也应该转移到帮助他确定战略方向、奠定成功基础、保障早期成功等方向上。

重要的是，向领导者提供的角色转变期支持应该是便于消化的模块。一旦他们进入了新角色，会很快沉浸在事件流之中，所以只能把有限的时间投入学习、思考和规划中。如果支持没有及时到位，新领导者可能就用不上它了。

这里的一个推论是要最大限度地利用入职之前的时间。角色转变期从招聘或挑选就开始了，而不是正式入职时才启动。这是一段非常宝贵的时间，新领导者可以开始了解他们的组织，并且规划他们在岗位上的早期工作。

因此，加速转变制度的设计应当帮助新领导者的入职前时间里取得最大的收益。这意味着为他们提供关键的文件和工具，帮助他们规划早期问题诊断活动，以及帮助他们尽早建立与关键利益相关者的联系，这样来为他们提供学习方面的支持。对于高级管理人员来说，让角色转变辅导员参与入职前诊断工作可能会有帮助，包括和关键利益相关者的面谈，以及把了解到的知识提炼成可以转化为行动的评估，为早期的讨论提供基础。

原则 6：使用结构化的流程

角色转变加速的悖论是，转变期的领导者常常觉得太忙碌而没有时间了解和规划他们的角色转变。他们知道应该去挖掘可用的资源，投入时间去规划，但是新岗位的紧迫要求往往会挤掉这项重要工作。

尽管利用入职前的时间并提供及时的支持对新领导者有所帮助，但角色转变流程还是需要有强制行动的活动。这包括在流程的每个阶段预先安排好辅导会议或者把群体活动列入日程，这样来把领导者拉出来去参与反思并创立他们的 90 天计划。

角色转变期的支持不应该被设计成一个自由流动的过程，让领导者自己设定节奏。最好是在关键阶段创造一系列的集中活动，例如辅导会议或者群体活动。在入职之前对情况进行诊断，并帮助领导者开展了自我评估之后，辅导员和学员可以开展一次建设性的会议，来助推启动这一流程。

提供角色转变期辅导的时候，很重要的是新领导者和辅导员早早地就以一种集中和参与度强的方式建立起联系。让辅导员参与到密集的入职前诊断工作中之所以有益的原因之一是他们有宝贵的资源，比如，对于情况的知识能够传达给领导者。他们在角色转变的早期关键阶段提供的洞察能够帮助巩固辅导员和学员之间的关系。

原则 7：根据角色转变类型来配置支持

90 天的框架和工具箱可以应用在所有角色转变类型中。但是，不同活动的重要性会有显著的差异，例如，在了解文化上面投入多或少的关注，这取决于领导者正在经历的角色转变类型。因此，确定公司需要支持的最为重要的角色转变类型，开发具体的、目标明确的追加资源来帮助他们通常会有作用，尤其是为面临两种常见角色转变类型的新领导者提供额外资源很有意义：

- **晋升**。正如第一章中讨论过的，职务晋升后，领导者面临着一系列预料之中的挑战。在新的级别上成功需要的能力可能与之前在较低级别上成功的技能很不一样。他们还可能被期望扮演不同的角色，展示出不同的行动，并且以不同的方式与直接下属互动。所以应该向他们提供集中的资源，帮助新晋升的领导者理解在新级别上成功会是什么样的，对他们进行评估，并建立一个个人发展计划。

- **外聘入职。**同样，当领导者加入新的组织或者在亚文化显著差异的部门之间转岗时，他们在校准期望值的一致性、适应新的文化以及建立恰当的关系方面面临着重大挑战。为他们提供集中的、易于使用的资源来帮助他们理解怎样才能完成任务，辅助他们确定和建立与关键利益相关者的联系，能够减少脱离轨道的情况，并可以加速实现良好的业绩。

原则8：根据领导者的级别配置角色转变期的支持

如果成本不是问题，每个角色转变期的领导者都应得到高度个性化的支持。在理想的情况下，每一名新领导者应该配备一名辅导员，进行独立的诊断，并在入职前向领导者简要介绍诊断结果。辅导员将帮助领导者参与自我评估，并明确关键的角色转变期风险要素。辅导员还应帮助规划诊断和设定目标，协助团队评估和校准一致性，收集关于工作的反馈，当然还要在领导者需要的时候出现在那里，和他们一起讨论具体的问题。

因为高级领导者对于业务的影响是巨大的，为他们提供角色转变期辅导通常都是有意义的（如果你们这样做，请务必理解，角色转变期辅导与发展期辅导很不一样。参见“角色转变期辅导和发展性辅导”文本框）。但是为较低级别的领导者提供专门辅导似乎在经济上不够实惠。解决方案有三种：第一，确定提供角色转变期支持的替代模式（比如，辅导、群体活动、虚拟研讨会、自学材料）；第二，评估支持的相对成本和收益；第三，根据公司领导梯队中的关键级别匹配它的实现模式和程度，以达到投资收益率的最大化。

角色转变期辅导和发展性辅导

角色转变期辅导和发展性辅导非常不一样。角色转变期辅导员至关重要的是拥有商业头脑，能够担任领导者在转变期所信任的顾问。此外，对于组织及其文化的充分了解也是他们有效发挥作用的前提。因为这个原因，新聘用的领导者带进来自己的辅导员是很危险的，这些人可能缺乏角色转变期的经验，也缺少对于领导者正在进入的这个文化和政治环境的理解。

表 10–2　角色转变期辅导与发展性辅导

角色转变期辅导	发展性辅导
• 辅导员帮助领导者： ➢ 评估新岗位上的业务状况及他自己； ➢ 建立策略来创造良好势头； ➢ 建立策略来管理自己； ➢ 开发一项行动计划。 • 辅导员的商业头脑保障了提供正确比例的建议和行为辅导组合	• 辅导员帮助领导者： ➢ 评估现有能力和行为； ➢ 确定能力和功能失调行为中的差距； ➢ 修正这些挑战并建立关键能力。

原则 9：明确角色并实现激励政策的一致性

角色转变期的支持是一项团队运动。对于许多新领导者来说，通常都会有很多人影响到他们角色转变期的成功。关键的行为者包括上司、同事、直接下属、人力专员、辅导员和导师。尽管支持角色转变期的首要责任可能在一个人身上，通常是辅导员或者人力专员，思考清楚其他人应该扮演的支持性角色并确定鼓励他们这样去做的方法也非常重要。

例如，一名上司在让新领导者快速适应新岗位这件事上有明显的利益，但他还可能正在处理许多其他紧迫的需求。你就必须进行仔细的思考，向上司和其他关键行为者提供指南和工具，使他们能够高度集中和高效地支持他们的新任直接下属。人力专员通常能够为新入职的领导者提供宝贵的支持，帮助他们掌握新的文化。但是要再一次强调的是，他们都需要了解要做什么，并且有动力去做。

原则 10：与其他人才管理制度的整合

首先，加速转变制度和公司的其他招聘和领导力发展制度联系起来能发挥更好的作用。乍看起来这种对于整合的需求非常明显，因为最好的新人入职制度也弥补不了糟糕的员工招聘制度的罪过。如果公司招聘来了一些不太可能适应自身文化的员工，新领导者的入职也不能减少多少工作脱轨的风险。

因此，如此多的公司仍然没有进行员工招聘和入职制度的整合是很令人吃惊的。通常来说，这些职能部门的员工通过组织里不同的部分向上汇报，也由具有不同甚至有分歧的目标、成功衡量标准和激励政策的人来领导。必要的第一步就是把他们放在同一把组织大伞之下，校准他们的目标和激励政策的一致性。

除此之外，公司在进行员工招聘时也要进行角色转变期风险的思考。这样做意味着，如图 10–2 所示，使得风险容忍成为建立员工入职流程的一部分。通常，业务单位采用了“最佳运动员”的招聘方式，聘用那些拥有所需能力的人员而没有充分关注他们的匹配度。冒比较大的风险从一个显著不同的文化中引入人员也是可以的，只要你对于个人能力和文化适应性之间的得失进行了谨慎权衡，并且在招聘中对角色转变风险进行了明确评估。当然，这样做需要公司对于它的文化，以及同化人员的过程中可能的困难有一个清楚的认识。这样的认识可以通过评估员工入职的成败而进行改善（见图 10–2）。

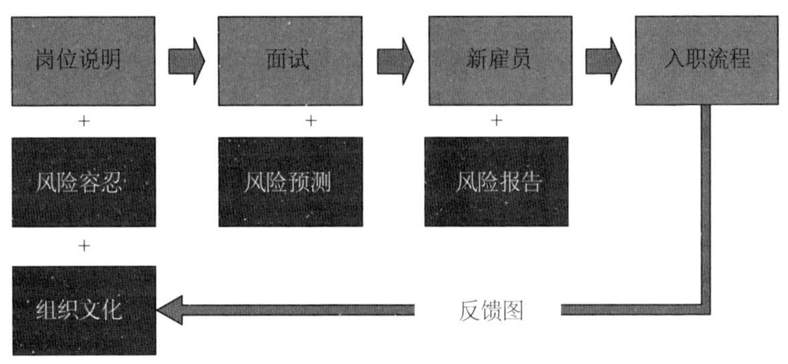

图 10–2　连接人员招聘和入职制度

提供从招聘到入职流程中的潜在风险的信息也具有重要价值。人员招聘通常包含了许多形式的评估，例如，心理测试工具和深度面试。这些工具能够为角色转变辅导员和研讨会协调人提供关于领导者风格和他们在适应文化过程中可能的困难有价值的信息。同样，面试也可以提供可能的角色转变风险的信息，只要面试人被明确要求进行评估，并开发一个角色转变风险预测的话。

其次，领导力发展制度和角色转变加速制度之间的关系也可以整合。领导力发展制度帮助人才做好进入下一阶段的准备，角色转变加速制度则帮助他们做出跳跃的一步。尽管这样的描述让这两种制度看起来明显不同，但现实中存在着将发展和加速连接起来的机会。

一个例子就是把熟悉组织的核心角色转变加速模型放在发展项目中。这样做可以帮助领导者形成一种角色转变的思维状态，思考他们应该怎样进入新岗位。它还提供了一个建立角色转变的基础，这一基础由于新领导者通常会经历这方面的高需求而非常重要。

第二个例子是通过运用 STARS 情境模型评估领导者在不同类型的角色转变期的经验，从而加强领导力的发展。这个模型通过建立起一系列管理广泛业务情境能力的职务，提供了为高潜力领导者制订发展计划的基础。它还明确了潜在的差距，例如，某领导者大部分时间都在管理“整顿转向”情境，但他还需要在更广泛的业务情境中锻炼。

举例来说，想一想你自己的职业生涯。花时间来填一下表 10–3 所示的发展表格，这是一个帮助制订职业发展计划的工具。

表 10–3　职业发展表格

	初创启动	整顿转向	加速增长	重新组合	维持成功
市场营销					
销售					

（续　表）

	初创启动	整顿转向	加速增长	重新组合	维持成功
财务					
人力资源					
运营					
研发					
信息管理					
其他					

每行代表了你工作过的职能部门，每列代表了你经历过的业务情境。在表格中标出你担任过的每个职务，以及任何重要的项目或者特别小组任务。例如，如果你的第一份工作是在“整顿转向”情境中的一家组织（或单位）的市场营销部门，就把一个带圆圈的1（表示你的第一个管理岗位）填在相应的小格子中。如果你接下来的职务是在一个“初创启动”阶段的新单位（或处理一件新产品或新项目），在那个小格中填入带圆圈的2。如果同时你还在一个处理“初创启动”阶段运营问题的特别小组中，在恰当的格子中填入带三角形的2（表明一个项目任务）。记录下你的所有工作，然后把各个点连接起来，显示出你的职业轨迹。其中是否还存在空行或空列？它们对你是否准备好迎接新岗位意味着什么？对你可能的盲点又有什么启示？

小结

考虑到组织中会发生许多的角色转变，这些转变又有重大的影响，评估加速制度的成本和收益是很有意义的。最好的制度是建立在一个核心的角色转变加速框架和工具箱基础上，及时提供支持，根据不同类型的角色转变适度进行定制化，并且在组织中以一种成本效益高的方式推行。它们也考虑到了组织环境的问题，校准关键利益相关者的一致性并激励他们，还与招聘和领导力发展制度相联系。

让每一个人都加速清单

1. 你所在的组织中最为重要的角色转变是什么？它们发生的频率如何？

2. 组织能否确定角色转变正在何地、何时发生？

3. 是否存在一个核心的通用角色转变加速框架、语言或工具箱？

4. 领导者是否在需要的时候拥有必要的支持？可以做些什么来为外部入职和内部晋升的角色转变提供集中的资源支持？

5. 公司的员工招聘和加速角色转变制度是否以恰当的方式相联系？

6. 角色转变加速是否应该成为你所在组织发展高潜力领导者课程的一部分？

7. 90 天框架可以怎样应用于加速组织变革，例如重组或并购后的整合？

注 释

序言

1. 我意识到还存在两个例外，一是约翰·加巴罗（John J. Gabarro）所著的《管理者的动态学》（*The Dynamics of Taking Charge*），波士顿哈佛商学院出版社，1987 年出版；另一是琳达·希尔（Linda Hill）所著的《成为管理者：新的管理者如何掌控领导力的挑战》（*Becoming a Manager: How New Managers Master the Challenges of Leadership*）第二版，波士顿哈佛商学院出版社，2003 年出版）。

2. 丹·西恩帕（Dan Ciampa）和迈克尔·沃特金斯（Michael Watkins）合著的《良好的开端：接管新的领导角色》（*Right from the Start: Taking Charge in a New Leadership Role*），波士顿哈佛商业出版社，1999 年出版。

3. 迈克尔·沃特金斯所著的《领导角色转变 3.0 版本》（*Leadership Transitions Version 3.0*），波士顿哈佛商业出版社，2008 年出版。这一网络学习工具获得了 2001 年的“网络学习银奖”业绩导向设计类的布兰登·希尔优胜奖（Brandon-Hill Excellence）。

4.《经济学人》（*The Economist*）2006 年 7 月 13 日刊文《高级管理人入职：关键的第一个 100 天》（*Executive Onboarding: That Tricky First 100 Days*）。

5. 迈克尔 · 沃特金斯所著《塑造游戏：新领导者的成功谈判指南》（*Shaping the Game: The New Leader's Guide to Effective Negotiating*），哈佛商业评论出版社，2006 年出版。

6. 皮特 · H · 达利（Peter H. Daly）、迈克尔 · 沃特金斯和凯特 · 里维斯（Cate Reavis）合著《在政府中的第一个 90 天：各级别新公共管理者的关键成功策略》（*The First 90 Days in Government: Critical Success Strategies for New Public Managers at All Levels*），波士顿哈佛商学院出版社，2006 年出版。

7. 迈克尔 · 沃特金斯所著《高级管理人入职关键》（*The Pillars of Executive Onboarding*），发表于 2008 年 10 月的《人才管理》（*Talent Management*）。

8. 迈克尔 · 沃特金斯所著《你的下一步：给领导者的掌控职业生涯重大角色转变指南》（*Your Next Move: The Leader's Guide to Navigating Major Career Transitions*），哈佛商业出版社，2009 年出版。

9. 迈克尔 · 沃特金斯所著《选择合适的角色转变策略》（*Picking the Right Transition Strategy*），发表于 2009 年 1 月的《哈佛商业评论》（*Harvard Business Review*）第 47 页。

10. 迈克尔 · 沃特金斯所著《管理者怎样成为领导者：观点和责任的七大巨变》（*How Managers Become Leaders: The Seven Seismic*

Shifts of Perspective and Responsibility)，发表于 2012 年 6 月的《哈佛商业评论》。

11. 出色范例包括波利斯 · 格罗伊斯伯格（Boris Groysberg）和罗宾 · 亚伯拉罕斯（Robin Abrahams）合著的《搞砸工作变动的五种方式》(*Five Ways to Bungle a Job Change*)，发表于 2010 年 1 月的《哈佛商业评论》第 137 页；基斯 · 罗拉格（Keith Rollag）、萨尔瓦多 · 帕里斯（Salvatore Parise）和罗布 · 克罗斯（Rob Cross）合著的《让新员工快速启动》(*Getting New Hires Up to Speed Quickly*)，发表于 2005 年 1 月 15 日的《斯隆管理评论》(*Sloan Management Review*)；让 – 弗朗索瓦 · 曼佐尼（Jean-François Manzoni）和让 – 路易 · 巴苏克斯（Jean-Louis Barsoux）合著的《新领导者：在开始之前终止螺旋式向下的业绩》(*New Leaders: Stop Downward Performance Spirals Before They Start*)，发表于 2009 年 1 月 16 日 HBR 博客网络，网址为 http://blogs.hbr.org/ hmu/2009/01/new-leaders-stop-downward-perf.html。管理人员招聘公司也做了许多调查，包括一些关于 CEO 继任的角色转变维度非常坚实的研究。

12. 所有这些观点都在《创始人》第一版中有介绍。

13. 参见西恩帕和沃特金斯合著《良好的开端》第 ·章《挑战》。

14. 参见《你的下一步》中对沃特金斯的介绍。

引言

1. 来自迈克尔 · 沃特金斯所著、哈佛商业出版社 2009 年出版的

《你的下一步：给领导者的掌控职业生涯重大角色转变指南》中针对附属于国际管理发展学院的1350位人力资源领导者的调查。

2. 创世纪顾问、《哈佛商业评论》以及国际管理发展学院2011年末出版的电子调查。

3. 来自我2000年针对《财富》500强企业高级人力资源管理人员的调查，调查结果在《创始人》第一版中发表。

4. 每一个经历角色转变的个人都会对其他许多人，包括直接下属、上司和同事产生负面影响。在2009年一项针对公司总裁和CEO的调查中，我询问了他们对于一个新的中层领导的到来将会对多少人的业绩产生显著伤害的最佳估计，得到的回答是平均12.4人。

5. 来自我2000年针对《财富》500强企业高级人力资源管理人员的调查，调查结果在《创始人》第一版中发表。

6. 创世纪顾问对参与项目和辅导的两家客户公司进行了这项研究，它们是一家《财富》百强的卫生保健公司和一家《财富》500强的金融服务公司。二者都运用了对业绩提升的主观估计，和基于保守薪资成本标准的预估投资回报率（ROI）。这家全球性卫生保健公司，2006年进行的研究关注了125名处于角色转变期项目或辅导中的参与者。项目参与者有平均38%的业绩提升，而受过培训的管理者有平均40%的业绩提升。预估的投资回报率是1 400%。金融服务公司2009年进行的研究关注了“第一个90天”项目中50名参与者到达损益平衡点的时间加速情况。参与者到达损益平衡点的时间平均减少了1.2个月。仅仅基于薪资的项目投资回报率就累计达到大约300%。

7. 来自迈克尔·沃特金斯 2010 年和 2011 年未发表的两次研究，研究对象为哈佛商学院的两个综合管理项目（GMP）的参与者。

第一章

1. 来自 2008 年针对国际管理发展学院所属 1 350 名人力资源领导者的调查，在迈克尔·沃特金斯所著、波士顿的哈佛商业出版社 2009 年出版的《你的下一步：给领导者的掌控职业生涯重大角色转变指南》中有过论述。还可参见波利斯·格罗伊斯伯格（Boris Groysberg）、安德鲁·N·麦克林（Andrew N. McLean）和尼丁·诺利亚（Nitin Nohria）合著，《哈佛商业评论》2006 年 5 月第 92 至 100 页刊发的《领导者是便携式的吗？》（*Are Leaders Portable?*）。

2. 来自迈克尔·沃特金斯所著、波士顿的哈佛商业出版社 2009 年出版的《你的下一步：给领导者的掌控职业生涯重大角色转变指南》。

3. 原文为："我想如果你仅有的工具是一把锤子，你很可能会把所有东西都当作钉子来对待。"来自亚伯拉罕·马斯洛（Abraham Maslow）所著、纽约的哈珀·柯林斯（Harper Collins）出版社 1966 年出版的《科学的心理学：一个研究》（*The Psychology of Science: A Reconnaissance*）第 15 页。

第二章

1. 来自 N. M·蒂奇（N. M. Tichy）和 M. A·德范娜（ M. A.

Devanna）所著《变革型领导》（*The Transformational Leader*），纽约的约翰 · 威立（John Wiley & Sons）国际出版公司，1986 年出版。

第五章

1. 对于早期成功重要性的早期讨论，参见丹 · 西恩帕和迈克尔 · 沃特金斯合著的《良好的开端：接管新的领导角色》第二章，波士顿哈佛商业出版社，1999 年出版。

2. 约翰 · J · 加巴罗的《管理者的动态学》，波士顿哈佛商学院出版社，1987 年出版。

3. 参见维基百科，网址为 wikipedia.org/wiki/Confirmation_bias。

4. 乔治 · 威尔（George Will）所著的《技术刺激下的战争中有时要付出安全的代价》（*Price of Safety Sometimes Paid in Technology-Boosted War*），发表于 1994 年 6 月 12 日《华盛顿邮报》（*Washington Post*）。

5. 我的同事艾米 · 埃德蒙森（ Amy Edmondson）发展了这一项非常有用的区分。

6. 迈克尔 · 沃特金斯和马克斯 · 巴泽曼（Max Bazerman）合著的《可预料的意外：你应该料想到的灾难》（*Predictable Surprises: The Disasters You Should Have Seen Coming*），发表于 2003 年 3 月的《哈佛商业评论》第 5 至 12 页。

第六章

1. 这是对于麦肯锡（McKinsey）的“7-S”组织分析框架的改编。参见R. H · 沃特曼（R. H. Waterman）、T. J · 皮特斯（T. J. Peters）和J. R · 菲利普斯（J. R. Phillips）合著的《结构并非组织》（*Structure Is Not Organization*），发表于1980年的《商业视野》（*Business Horizons*）。有关概述，参见杰弗里 · L · 布拉达奇（Jeffrey L. Bradach）所著《组织一致性：7-S模型》（*Organizational Alignment: The 7-S Model*）的案例9-497-045，波士顿哈佛商学院，1996年出版。7-S是指战略（strategy）、结构（structure）、制度（systems）、员工（staffing）、技能（skills）、风格（style）和共同价值（shared values）。

2. 参见维基百科，网址为wikipedia.org/wiki/SWOT_analysis。关于SWOT的早期描述，参见埃德蒙德 · P · 勒尼德（Edmund P. Learned）、C · 罗兰德 · 克里斯蒂安森（C. Roland Christiansen）、肯尼斯 · 安德鲁斯（Kenneth Andrews）和威廉 · D · 古斯（William D. Guth）合著的《商业政策：文本和案例》（*Business Policy: Text and Cases*），伊利诺伊州霍姆伍德（Homewood，IL）的欧文出版社（Irwin），1969年出版。

3. 建立“两方面都擅长”的组织是一项挑战。参见迈克尔 · L · 塔什曼（Michael L. Tushman）和查尔斯 · 奥莱利三世（Charles O’Reilly III）合著的《通过创新获得成功：引领组织改变和更新的使用指南》（*Winning Through Innovation: A Practical Guide to Leading Organizational Change and Renewal*）修订版，波士顿哈佛商学院出版社，2002 年出版。

第七章

1. 有关行为者类型的讨论，参见 T · 德龙（T. DeLong）和 V. V · 维加亚拉哈万（V. Vijayaraghavan）合著的《让我们倾听一下 B 级行为者的声音》（*Let's Hear It For B Players*），发表于 2003 年 6 月的《哈佛商业评论》第 96 至 102 页及 137 页。

2. M · 休斯里德（M. Huselid）、R · 比蒂（R. Beatty）和 B · 贝克尔（B. Becker）合著的《A 级行为者还是 A 级职位？员工管理的战略逻辑》（*"A Players"or"A Positions"？ The Strategic Logic of Workforce Management*），发表于 2005 年 12 月的《哈佛商业评论》第 110 页至 117 页及 154 页。

3. 例如，可参见 A · 埃德蒙森（A. Edmondson）、M · 罗伯托（M. Roberto）和 M · 沃特金斯合著的《顶层管理团队效力动态模型：管理非结构性任务流》（*A Dynamic Model of Top Management Team Effectiveness: Managing Unstructured Task Streams*），发表于《领导者季刊》（*Leadership Quarterly*）14 辑第 3 号（2003 年春）第 297 至 325 页。

4. 有关团体流程中公平感知重要性的讨论，参见金伟灿（W · Chan · Kim）和芮妮 · A · 莫博涅（Renée A. Mauborgne）合著的《公平流程：在知识经济中如何管理》（*Fair Process: Managing in the Knowledge Economy*），发表于《哈佛商业评论》1997 年 7–8 月刊第 127 至 136 页。

第八章

1. 大卫·拉克斯（David Lax）和吉姆·西贝纽斯（Jim Sebenius）创造了这一术语。参见 H·佩顿·杨（H. Peyton Young）编辑的《谈判分析》（*Negotiation Analysis*）中的《联盟性思考》（*Thinking Coalitionally*），安阿伯市（Ann Arbor）密歇根大学出版社（University of Michigan Press），1991 年出版。

2. D·克拉克哈特（D. Krackhardt）和J. R·汉森（J. R. Hanson）合著的《非正式网络：图标背后的公司》（*Informal Networks: The Company Behind the Chart*），发表于《哈佛商业评论》1993 年 7–8 月刊。

3. 参见大卫·麦克莱兰（David McClelland）对人类动机的开创性研究。剑桥大学出版社 1988 年出版的《人类动机》（*Human Motivation*）。

4. L·罗斯（L. Ross）和 R·尼斯贝特（R. Nisbett）合著的《人与情境：社会心理学视角》（*The Person and the Situation: Perspectives of Social Psychology*）第二版，伦敦的品特 & 马丁（Pinter & Martin）出版社，2011 年出版。

5. 亚里士多德（Aristotle）所著《修辞学的艺术》（*The Art of*

Rhetoric），H · 劳森 – 坦克莱德（H. Lawson-Tancred）翻译，纽约企鹅经典（Penguin Classics）1992 年出版。

6. 詹姆斯 · 西贝纽斯（James Sebenius）所著《通过排序建立联盟：我应当首先和谁谈话？》（*Sequencing to Build Coalitions: With Whom Should I Talk First?*），发表于理查德 · J · 泽克豪塞（J. Zeckhauser）、拉尔夫 · L · 基尼（Ralph L. Keeney）和詹姆斯 · K · 西贝纽斯（James K. Sebenius）编辑的《明智选择：决策、博弈和谈判》（*Wise Choices: Decisions, Games, and Negotiations*）一书，波士顿哈佛商学院出版社，1996 年出版。

第九章

1. 罗纳德 · 海菲茨（Ronald Heifetz）所著《领导大不易》（*Leadership Without Easy Answers*），马萨诸塞州剑桥（Cambridge）的贝尔纳普出版社（Belknap Press），1994 年出版，第 251 页。

2. 这最初是作为焦虑模型开发的。参见 R. M · 耶克斯（ R. M. Yerkes）和 J. D · 多德森（J. D. Dodson）合著的《刺激强度与习惯形成速度的关系》（*The Relation of Strength of Stimulus to Rapidity of Habit Formation*），发表于 1908 年的《比较神经学和心理学期刊》（*Journal of Comparative Neurology and Psychology*）第 18 期，第 459 页至 482 页。当然，这一模型有其限制性，作为比喻说法时才最有效。对于其限制性的讨论，参见 www. trance.dircon.co.uk/curve.html 网址上的《人类函数曲线有多有用？》（*How Useful Is the Human*

Function Curve?)。

3. 有关谈判语境下“上阳台”的讨论，参见威廉·尤里（William Ury）所著《突破拒绝：通过谈判从对峙到合作》(*Getting Past No: Negotiating Your Way from Confrontation to Cooperation*)，纽约的班坦·多布尔代（Bantam Doubleday）出版社，1993 年出版，第一章。

第十章

1. 由《财富》100 强的卫生保健公司独立进行的研究，关注于参与了“创世纪顾问”角色转变项目或辅导的 125 名人员。项目参与者平均有 38% 的业绩提升，而接受了辅导的管理人员平均有 40% 的提升。

2. 从创世纪顾问项目和辅导流程同一研究中引用的原文。

3. 有关“注定失败”动态的绝佳讨论，参见 J·曼佐尼（ J. Manzoni ）和 J. L·巴苏（J. L. Barsoux）的《注定失败综合症：克服期望的逆流》(*The Set-Up-To-Fail Syndrome: Overcoming the Undertow of Expectations*)，波士顿的哈佛商业出版社，2007 年出版。